VIDA DE EQUILIBRISTA
NA CONTEMPORANEIDADE

Reflexões e provocações sobre a convivência entre família e trabalho

VIDA DE EQUILIBRISTA
NA CONTEMPORANEIDADE

Reflexões e provocações sobre a convivência entre família e trabalho

CECÍLIA RUSSO TROIANO

2023

Para meus pratinhos de cristal,
Beatriz, Gabriel e Jaime.

ÍNDICE

Prefácio   11

Introdução   13

Capítulo 1 – Maternidade é mudança   17
Chegou a hora?   18
Vida de equilibrista e ácido fólico   20
Maternidade adiada pela vida profissional   22
Volta ao trabalho, com um olho em casa   25
Medida urgente: rever seus conceitos   28
A vida de equilibrista bate à porta, prepare-se!   29
Nada será como antes: trocando milhas por fraldas   33
Creche, babá ou avó? Tem melhor?   35
Um recomeço, agora com filhos   37
Mudanças de mãe   40
Longe do ideal, perto do possível   42
Que tipo de mãe você é?   44
De equilibrista para equilibrista   46
Mães em pé de guerra   48
O "paredão" da maternidade   51

Capítulo 2 – Rotina na corda bamba   53
O corpo e a equilibrista   54
Mais Kairós e menos Chronos   57
Mãe merece férias   60

Achávamos que ficar em casa seria tranquilo **61**
Entre Héstia e Hermes **64**
Entre Zooms e pratinhos **66**
Equilibrismo *on* e *off* **68**
24 horas, 7 dias da semana: prioridades na rotina equilibrista **70**
#Quemnunca **73**
Agosto, uma nova chance **74**
Quatro formas de não surtar no fim de ano **76**
Lá vem o Ano Novo, de novo **79**
To-do-list: 20 metas para um novo ano **80**
Vírus vão, vínculos ficam **82**

Capítulo 3 – Sentimentos que transbordam **85**
Entre ausência e falta **86**
Falta ou excesso: a medida do equilíbrio **87**
Fim de férias: Ebaaaa ou Viiiixi? **90**
Você é um termômetro ou um termostato? **92**
Celular: amor ou ódio? **93**
Muitas perspectivas de tempo e bem-estar **95**
Terceirização da intuição **97**
Help **100**

Capítulo 4 – Filhos ressignificando nosso tempo **103**
Será? Será? **104**
O que a minha mãe faz? **106**
Gênero, modelo e pepino **107**
Mãe é aquela que não sabe nada **110**
Exportando filhos e sonhos **112**

Transição: de gerente de projetos a consultor 113
Skype e ratoeiras 115
Filhos pequeninos, filhos grandinhos, filhos crescidos 118
Felicidade é o melhor presente 120
A busca da perfeição: uma grande armadilha 122
Mãe-monstro 124
Milho de pipoca 126
Nossos filhos 128
Filhos crescem e nós também! 130

Capítulo 5 – Equilibrismo pelas lentes contemporâneas 132
Mãe é tudo igual? 133
Maternidade global: mães brasileiras, mães americanas 135
Receita de Equilibrismo 138
O que o yoga me ensinou sobre minha vida de equilibrista 140
Famosas, equilibristas e admiradas 143
Salvem as mães equilibristas! 146
Recrutam-se mães 148
Desejos e vontades das equilibristas e o mercado de trabalho 150
Mulheres modernas, dilemas modernos 153
Opt-out? Mãe ou pai? 155
Uma nova ordem dentro de casa 158
O preço da maternidade e o bônus da paternidade 161
Licença-maternidade cobra um preço? 163
Pais, mães e profissionais 165
Algumas coisas não dá pra a gente mudar... outras dá! 167

Agradecimentos 172

PREFÁCIO

'O que você quer ser quando crescer?'. É quase certo que ao menos uma vez na vida já te fizeram essa pergunta. E, claro, ela envolve uma infinidade de possibilidades, na maioria dos casos associadas às profissões (existentes ou fruto da imaginação das crianças). Mas, em muitas respostas, as crianças incluem e destacam 'ser mãe'. Eu fui uma delas.

Afinal, eu te pergunto: o que é ser mãe? Essas três letras combinadas guardam tantos significados que se torna praticamente impossível resumi-las em uma palavra ou frase. Não é à toa que esse desejo pela maternidade aparece em uma pergunta sobre intenção de carreira, uma vez que ser mãe é realmente ser várias profissões em uma: professora, médica, psicóloga, assessora de imprensa, T.I. Tudo junto e misturado, ao mesmo tempo, do dia para a noite, todo dia...

E tem mais, além de ganhar todos esses novos 'diplomas', você ainda tem que lidar com os seus outros papéis, seja no trabalho, na família, com amigas... Ufa, haja tempo, haja disposição para dar conta de tudo, certo? Errado! Deixa eu te contar um segredo que ninguém tem coragem de falar: é impossível dar conta de tudo, e está tudo bem. Você não é uma super-heroína e nem é isso o que seu filho precisa ou espera de você. Se não cobramos perfeição de ninguém, como e por que exigir isso de uma mãe?

Nós somos seres humanos e fazem parte do *script* os erros e acertos. A pergunta que não quer calar é: qual o peso que você dá para cada um desses polos na sua vida? Se você supervaloriza os erros e diminui os acertos, não está sozinha, mas precisa, sim, mudar sua forma de pensar. Valorizar-se não é arrogância, é reconhecimento e respeito, e você merece isso de você e do mundo. Portanto, na próxima vez em que você se sentir orgulhosa do seu filho por algo que ele fez ou disse, lembre-se também de se sentir orgulhosa de si mesma, afinal os pais são os primeiros e maiores exemplos das crianças.

Nesse contexto, vale ressaltar que a sua felicidade importa! Não se deixe de lado, não jogue os seus sonhos ou vontades para debaixo do tapete. Como filha, posso afirmar, nós também queremos que vocês [nossos pais] sejam felizes e realizados. E pode ter a certeza de que estaremos na primeira fila para aplaudir de pé cada uma destas conquistas. Filhos querem presença, acolhimento e amor; são essas as memórias que eles vão guardar para a vida. Isso basta, o resto (em bom português) é resto, e a gente pode construir juntos (o que, vamos combinar, que é muito mais gostoso).

Para isso, conte com a sua rede de apoio e parceiro(a), e não hesite em pedir ajuda. Nós, mulheres, somos criadas e treinadas desde cedo a nos virar, o que traz um receio ou até vergonha em buscar ajuda. Mas isso não é saudável, nem viável, no mundo de hoje. E saúde mental é fundamental, com ou sem pandemia, então cuide da sua com carinho. Tire essa pressão, tire essa culpa do seu ombro, porque ela não lhe cabe.

Lembre-se do que aquela criança que queria apenas 'ser mãe' pensava ao dizer essas palavras. Resgate esse sentimento e o mantenha com você ao se aprofundar nas páginas deste livro. Pai, você também é mais do que bem-vindo, é necessário nessa roda de conversa. E, diante disso, já adulta, retomo a pergunta inicial deste texto: 'O que você quer ser quando crescer?'. Qual é o seu sonho? Se na sua resposta, 'ser mãe' segue ali, vá atrás e aproveite as palavras da Cecília para se preparar para essa maratona com senso de humor. E se, no seu caso, esse sonho já é realidade, viva intensamente (de todas as formas e com todos os sentimentos a que você tem direito) e utilize as palavras da Cecília como um mantra, para tornar a sua maternagem mais leve e feliz! Seu filho e você vão agradecer por isso.

Boa leitura,

Yulia Serra
Jornalista, editora da *Pais&Filhos*, filha de Suzimar e Leopoldo

INTRODUÇÃO

Uma discussão que evolui e continua relevante

Quando lancei, em 2007, o meu primeiro livro sobre o tema Vida de Equilibrista, que tinha o subtítulo *dores e delícias da mãe que trabalha*, o assunto central era como conciliar maternidade e trabalho, a decisão de ter filhos e as maneiras de enfrentar a nova rotina mantendo a atividade profissional. Ao longo dos últimos 16 anos, vejo que os temas que abordei na época, como a culpa das mulheres, a sobrecarga, os apoios e a capacidade de se adaptar às situações, jamais se esgotam. Prova disso são os muitos convites para dar palestras para empresas ou entrevistas a veículos de mídia sobre o assunto.

De lá para cá, passamos por mudanças e avanços, ganhou força a discussão sobre equidade de gênero no mundo do trabalho e, em casa, melhorou a divisão de tarefas, mesmo que ainda muito longe do ideal. As discussões se ampliaram e a temática se alargou, não estando mais restrita à mulher. Com os pais mais inseridos nessa rotina e cientes das suas responsabilidades com a educação e o bem-estar emocional dos filhos, percebo que o equilibrismo hoje é uma questão de família, ou seja, todos precisam dar conta de segurar os pratinhos, independentemente do sexo.

Intrigada com o que poderia ter se alterado na rotina das equilibristas e de seus companheiros, em 2019 refiz a mesma pesquisa realizada para o livro original e as respostas, em sua essência, apontaram algumas evoluções, mas ainda permanece um quadro de desequilíbrio, em especial na divisão de tarefas. Atualizei o *Vida de Equilibrista*, mantendo os mesmos capítulos e inserindo dados e resultados de estudos mais recentes. Mas a publicação, pronta meses antes da pandemia de Covid-19, não chegou a ser lançada.

Como continuo achando que o tema é necessário, resolvi reunir a coletânea de textos que você lê aqui. A maioria deles foi publicada no *blog* Vida de Equilibrista, que escrevo para o *site Pais & Filhos* desde 2013. Escolhi os mais relevantes e as discussões que se repetem: afinal, assim que nasce um filho, as escolhas na vida das mulheres passam a ter outro peso e existem novas variáveis a considerar. Mas também comento sobre os desafios que se avolumaram durante a pandemia e as novas maneiras de conviver em família, por exemplo.

Muitas mudanças, pouco avanço

Desde que avancei, de forma pioneira, no assunto equilibrismo, muita coisa mudou e também pouco mudou. Por que digo isso? Porque enxergo movimentos conflitantes. Os pais, em especial os de classe média e média-alta, se envolveram mais com os filhos, ficaram mais próximos e mostraram que querem participar de fato da educação e da vida das crianças. Isso é ótimo para os filhos, assim como para pais e mães.

Outra grande mudança foi a vivência da pandemia de Covid-19 e a prática do *home office*. Essa nova modalidade de trabalho alterou dramaticamente as rotinas familiares, daqueles que puderam aderir a ela. Mais tempo junto levou a novos equilibrismos e a novos desafios, entre eles se dar conta de como é difícil conciliar vida profissional e familiar (no mesmo ambiente!).

Mas quando digo que pouca coisa mudou é porque a mãe ainda responde pela maioria das tarefas relacionadas à família, principalmente as da casa. O território doméstico e a educação dos filhos seguem sendo responsabilidades das mães; em alguns casos, felizmente, com o apoio dos pais.

Não apenas a culpa e as cobranças da mulher equilibrista continuaram ao longo dos últimos quinze anos, mas o fenômeno das redes sociais amplificou algumas sensações. Se antes eu já comentava a pressão que as mães sofrem pela comparação com outras, navegar nas redes sociais traz benefícios a elas, como uma rede de apoio e informação, mas junto são inundadas de gatilhos de culpa. As redes sociais viraram um espaço de modelos idealizados de maternidade, de perfeição, de retratos coloridos e sorridentes da família perfeita. Sem falar em dicas e comentários nocivos que classificam as atitudes em certo ou errado... eles criam tensão, fazem o sentimento de culpa aumentar, geram ansiedade e até depressão.

Às vezes me sinto grata por ter criado meus filhos antes de a internet, os celulares e o WhatsApp existirem. Confesso que me dá um alívio pensar nisso. É claro que pais e mães se beneficiam dessas facilidades, mas elas nos roubam tempo e também nos aprisionam. Achávamos que todas as tecnologias iriam nos salvar e dar sossego. O que vemos é que ficamos mais atribuladas, mais ocupadas, mais cansadas. Ou não? Eu acho que sim.

Retorno forçado para dentro de casa

Os aprendizados mais duros aconteceram durante a pandemia, devido a todos os problemas e à reorganização que o momento exigiu. Mas a situação nos permitiu olhar para quem somos, forçou uma parada, nos colocou no "modo avião". Quem soube e pôde aproveitar esse tempo para refletir sobre a vida saiu ganhando.

Estarmos dentro de casa, fisicamente, também abriu a porta para olharmos para dentro de nossas casas internas, nossa vida emocional, nossas escolhas. Vi muitas pessoas se perguntando: o que quero mudar? O que quero manter? E como estamos levando a vida de equilibrista também fez parte dessa reflexão, o que é muito positivo.

A grande questão do momento é a da responsabilidade compartilhada, do equilíbrio inteligente. Compartilhar não significa dividir matematicamente metade para o pai e metade para a mãe, mas, sim, discutir e chegar a um acordo sobre qual modelo funciona para aquele casal. Sim, porque cada casal é de um jeito, e aqui incluo os das relações homoafetivas, que constituem família com a mesma propriedade e dificuldade que os demais.

A palavra companheiro vem do latim e, em sua origem, significa comer o pão junto. Se fazemos isso todos os dias, e se somos realmente companheiros, no caso da educação e do cuidado com os filhos não poderia ser diferente. Mas é preciso diálogo, trocas, acordos. E muitas vezes percebo que as rotinas são lotadas de cobranças, que em nada ajudam a caminhar na direção de compartilhar as responsabilidades. Temos muito a avançar nesse sentido.

Também sinto que é importante dividirmos as responsabilidades com nossos filhos, à medida que crescem. No Brasil, temos uma tendência de proteger em excesso nossas crianças, querendo livrá-las de frustração ou esforço. Mas elas podem ser aliadas e, aos poucos, aliviar os pais de algumas tarefas. Para isso acontecer, nós, em especial as mães, precisamos aposentar nossas capinhas de supermulher, as que acham que sempre dão conta de tudo e que não precisam de ajuda.

Só com alteração de atitude (de mulheres e de homens!) alcançaremos esse estágio ideal de responsabilidade compartilhada. Mesmo sem saber o que nos reservam os próximos anos, entendo que as respostas para esses dilemas da vida, cada vez mais, estão dentro de nós. Para acessá-las é preciso observar o mundo, os comportamentos e as dinâmicas entre as pessoas; criar referências para tirar suas próprias conclusões. Nesse caminho, me interessa discutir, refletir, trocar uma ideia, e é isso que faço nas próximas páginas. Junte-se a mim nessa conversa.

CAPÍTULO 1

MATERNIDADE É MUDANÇA

A decisão de engravidar, os primeiros dilemas das recém-mães e todas as alterações que nascem junto com a nova rotina nos colocam em outra posição, em outro lugar no mundo. Também nos fazem enfrentar estereótipos e palpites alheios e as nossas cobranças internas, entre elas o fantasma da perfeição.

Chegou a hora?

Não conseguimos controlar o tempo, mas dois adultos podem e conseguem dialogar e pensar juntos

Tic. Tac. Tic. Tac. E assim vai girando o relógio biológico das mulheres. Sem interrupções, passam os segundos, minutos, horas, dias, meses e anos. Nesse tempo, muitas coisas acontecem e uma das decisões mais importantes na vida dos casais é a decisão sobre ter filhos. Nessa balança do ter/não ter, muitos temas são discutidos e um deles em particular é o da melhor hora para se ter um bebê. Será que é o momento de ser mãe, pensando na minha vida profissional? A dúvida que a maioria das mulheres tem é: o quanto ter filhos neste momento vai prejudicar (ou não) minha jornada profissional? Será que meu lugar estará lá quando eu voltar? Perderei a oportunidade daquela promoção? Ou: será que meu negócio sobrevive sem minha presença no dia a dia?

Observem que falo de perguntas que as mulheres fazem a si mesmas, e isso é uma realidade. A preocupação ou a "punição" associadas a ter filhos e carreira são bem mais intensas para as mulheres. Poucos ou raros pais fazem as mesmas perguntas. Os números comprovam isso. Nos cargos mais altos das empresas, não por acaso, em estudo conduzido por Antonio Moreira de Carvalho Neto, Betania Tanure e Juliana Andrade[1], 41% das mulheres e 19% dos homens não têm filhos. E ainda, estes mesmos autores afirmam que 43% das mulheres e 29% dos homens têm apenas um filho.

O que isso mostra? Que o peso da maternidade ainda recai mais sobre os ombros das mulheres. Já do lado dos homens, eles ficam mais "livres" para decidir ter ou não filhos e quantos ter, sem medir, da mesma

---

1. O artigo *Executivas: Carreira, Maternidade, Amores e Preconceitos*, de Antonio Moreira de Carvalho Neto, Betania Tanure e Juliana Andrade, de 2010, está disponível em https://doi.org/10.1590/S1676-56482010000100004. Acesso em 11 abr. 2022.

forma, os impactos sobre sua carreira. Aliás, há outras pesquisas que indicam inclusive o contrário, um valor atribuído aos homens que são pais, conferindo a eles um caráter de maior responsabilidade e compromisso com o trabalho.

Apesar dos números, o que eu acredito é o seguinte: a decisão de ser mãe é ao mesmo tempo uma decisão de ser pai. Na maioria das vezes, quando essa dúvida surge, se é chegada a hora certa para ter um bebê, parece que ela é apenas um dilema das mulheres. Não é assim e, nos casos em que é desse jeito, não deveria ser. Afinal, todo bebê tem dois adultos que cuidam dele, a figura paterna e a figura materna. Portanto o "chegou a hora" é algo que deve e merece ser compartilhado. Não deve e não pode ser uma decisão unilateral da mãe. O ônus e o bônus cabem aos dois. Talvez essa seja a primeira decisão que os pais fazem em relação aos filhos, a primeira de muitas outras que virão pela frente: quando tê-los.

Não pretendo que este texto chegue a uma fórmula de sucesso para o ter/não ter, mas que ele pelo menos lance alguma luz sobre os temas que merecem ser ponderados. Em primeiríssimo lugar, antes de qualquer coisa: a decisão pela maternidade não deve ser pautada exclusivamente pela carreira. Ser mãe e pai é algo definitivo em nossas vidas. Uma carreira, um emprego ou um negócio próprio, por mais estável que sejam, poucas vezes têm o mesmo caráter.

Assim, não devemos colocar o trabalho como balizador do sim e do não. Mas, como na "vida real" o trabalho acaba, sim, vindo à tona para essa tomada de decisão, sugiro duas perguntas bem amplas que merecem ser discutidas entre o casal para saber se chegou a hora! Opa, falei do casal novamente e isso é fundamental.

1. Quão preparados vocês se sentem para gerenciar suas vidas futuras, equilibrando vida familiar e vida profissional?
2. O quanto já discutiram e fecharam um plano (pelo menos um plano

de intenções) de como pretendem dividir as tarefas da casa e os horários de trabalho após a chegada do bebê? Quem fará o quê?

Tic. Tac. Tic. Tac. Tic. Tac. Não conseguimos controlar o tempo, mas dois adultos podem e conseguem dialogar e pensar juntos. Afinal, como falei acima, ter filhos é talvez a decisão mais definitiva de nossas vidas e não pode acontecer apenas quando o relógio biológico apita, nem apenas quando o momento profissional é favorável. E ninguém mais do que o próprio casal sabe responder: " E aí, chegou a hora?".

***

Vida de equilibrista e ácido fólico

Três "pílulas" que podem ajudar nesse planejamento da maternidade e sua conciliação com o trabalho

Vocês devem estar se perguntando o que uma coisa tem a ver com a outra... ou quem sou eu, que não sou médica, para falar de ácido fólico. Calma, não vou me aventurar a prescrever nada medicinal! Apenas gosto de metáforas e acho que há um claro paralelo entre essas duas coisas.

Vamos pensar nas mães que estão planejando um bebê e que mantêm também uma vida intensa de trabalho, dentro ou fora de casa. Uma das preocupações, nessa tomada de decisão, de engravidar ou não, ou mesmo durante a gravidez, é a de sermos ou não capazes de dar conta de tudo. Será que estou preparada para ser mãe e gerenciar minha carreira profissional? Esse é um dos grandes temores que ouço de muitas mães, a dúvida sobre estar ou não pronta para serem boas equilibristas.

Pois bem, agora vamos pensar no ácido fólico e em sua relevância na fase pré-gestação e nas primeiras doze semanas de gravidez. E por que precisamos de ácido fólico? Para estarmos abastecidas e preparadas para receber nosso bebê e assim garantir a boa formação do tubo neural. Meus conhecimentos médicos param aqui, mas a metáfora continua. Assim como o ácido fólico nos prepara para estarmos prontas para a gravidez, penso que também devemos ter algo do tipo "ácido fólico" que nos prepare para sermos melhores mães que combinam também suas carreiras. Não será uma pílula diária que irá garantir isso, mas algumas atividades preparatórias podem e fazem muito efeito.

Pensando nessas "pílulas" de preparação para o ingresso na vida de equilibrista, separei três que considero que podem ajudar nesse planejamento da maternidade e sua conciliação com o trabalho. Aí vão:

1. Conversar com o companheiro: o projeto de um filho é um projeto a dois e da mesma forma devem ser as responsabilidades que virão pela frente. Quem vai fazer o quê é uma excelente pergunta preparatória.

2. Onde ficará o bebê no retorno ao trabalho? Embora haja tempo para estudar possibilidades, é bom ir também refletindo sobre as alternativas disponíveis. O que agrada mais, o que é mais viável, o que ajudará mais, o que será melhor para todas as partes envolvidas etc.

3. Pesquisar na empresa. Caso trabalhe em uma empresa, sugiro conversar com colegas e mesmo com o RH ou com as lideranças para entender quais são as políticas praticadas para licença-maternidade, aleitamento, flexibilidade para visitas ao pediatra, possibilidades de *home office*. Caso trabalhe por conta própria, também vale pensar em como será esse gerenciamento, uma vez que ele dependerá apenas de você, na ausência de uma "política" externa que tome essas decisões *a priori*.

Como prevenir é sempre melhor do que remediar, isso vale para o ácido fólico, mas também vale para a preparação à vida de equilibrista, certo? Além disso, assim como o ácido fólico não é absorvido na mesma intensidade por todas as mulheres, a preparação não é algo que acontece magicamente. Há muitas pedras pelo caminho. Estar preparada é a melhor forma de garantir tranquilidade para todos os envolvidos, começando por você.

P.S. Agradeço ao meu cliente, um laboratório farmacêutico, pelos trabalhos que fizemos juntos e me permitiram ficar, em parte, entendida do valor do ácido fólico.

***

Maternidade adiada pela vida profissional

É o envolvimento com a profissão que define se chegou a hora ou não de ser mãe. A carreira empurra o plano inicial de ter filhos, em média, por 5 anos

Quem nasceu primeiro: seu lado profissional ou o da maternidade/paternidade? Desde que publiquei o primeiro livro, *Vida de Equilibrista, dores e delícias da mãe que trabalha*, até os dias atuais, essa resposta não muda. O trabalho é um projeto incorporado à vida das brasileiras[2]. Assim como para os homens, é um papel que se define antes do papel materno. O "eu profissional" é anterior ao "eu mãe" e até ao "eu esposa".

O mais comum é começar a trabalhar ainda jovem, recém-formada e, só depois de ter uma carreira em andamento ou já estabelecida, fazer a opção consciente e planejada de ter filhos. Entre aquelas que

---

2. Para escrever meu primeiro livro sobre a vida de equilibrista, em 2007, desenvolvi um projeto de pesquisa específico. Doze anos depois, repeti a parte quantitativa via internet. Coletei respostas de 1.300 mães que trabalham fora (foram 800 em 2007 e 500 em 2019). A resposta a "Já trabalhava antes de os filhos nascerem?" foi SIM em 94% dos casos em 2007 e em 93% deles em 2019.

começam a trabalhar após formar família, consigo vislumbrar mulheres que tiveram os filhos mais cedo e cumpriram a faculdade durante ou depois da maternidade. Ou então aquelas que se separaram e viram a necessidade de uma renda e uma realização.

A opção de começar a trabalhar com os filhos já crescidos é das mais raras e funciona melhor quando a pessoa é empreendedora, autônoma, abre negócio próprio ou vai trabalhar em empresa da família. O mercado corporativo atualmente é muito rigoroso e, apesar de tudo, ainda preconceituoso – principalmente se considerarmos um currículo de mulher com filhos e sem experiência profissional. Furar a barreira de um avaliador de recursos humanos, essa sim, é missão quase impossível. De forma positiva, vemos algumas mulheres e homens, incluindo em suas bios no Linkedin, lado a lado com títulos profissionais, a informação de que são mães ou pais. Ou seja, existe uma pressão da sociedade para que deixemos de lado esse preconceito e limitação. Antes tarde do que nunca!

O número de mães que adiaram o plano de ter filhos pelo menos uma vez, por causa da carreira profissional, aumentou (em 2019, 36% disseram ter feito isso, contra 30%, em 2007). Ou seja, a profissão ainda dita o ritmo da maternidade. Atualmente, o "eu profissional" define o *timing* do "eu mãe" em mais de 1/3 dos casos. Em média, elas adiaram o projeto de ter filhos por 5 anos. Seja por decisões ligadas ao trabalho, seja por questões financeiras, o ponto é que cada vez mais as mulheres estão empurrando o momento de ser mães, quando esta é a sua opção, claro.

Sempre me perguntei como é possível descobrir a hora mais apropriada para engravidar. Como tudo na vida, até mesmo a escolha de com quem nos casaremos, me parece muito mais uma aposta, um investimento, uma intuição, do que uma certeza. Depende do que a pessoa está valorizando naquele momento e se tem a preocupação de não deixar passar o período fértil. Quantas profissionais com mais de

35 anos estão sofrendo com tratamentos porque deixaram para tomar a decisão nesse prazo limite!

É fácil perceber pelas estatísticas o quanto esse *timing* mudou ao longo das últimas décadas! O adiamento já começa pelo casamento. Segundo o IBGE, em 1974, as noivas tinham em média 23 e os noivos, 27 anos de idade. Em 2019, a média era de 28 e 31 anos, respectivamente. Por isso mesmo, hoje é comum a chegada dos filhos depois dos 30 anos.

A percepção pode ser confirmada pelas Estatísticas do Registro Civil 2019, também do IBGE: entre 1999 e 2019, o número de mães que tiveram filhos entre 30 e 34 anos aumentou de 14,9% para 21,1%. No grupo acima de 40 anos, o aumento foi de 1,9% para 3,4%. Já entre as faixas etárias mais jovens, os percentuais diminuíram.

Claro que existem diferenças pelo Brasil, pois na região Norte, por exemplo, em 2019 cerca de metade dos bebês nasceram de mães com até 24 anos de idade, um padrão jovem que se assemelha à estrutura de nascimentos observada no país em 1999. Isso pode ser um traço cultural ou revelar a falta de oportunidade da inserção feminina no mercado de trabalho em certas localidades.

Se focarmos nas grandes cidades, o que observo (e a pesquisa comprovou) é que o envolvimento com a profissão define se chegou a hora ou não de ser mãe. A carreira vai adiando o plano inicial de ter filhos, em média, em 5 anos. Se isso é bom ou não, não tenho como julgar.

O fato é que, quando vamos ter nossos bebês, em geral já enfrentamos o mercado de trabalho há pelo menos meia dúzia de anos (isso para quem começou tarde, após a faculdade, por exemplo). Ou seja, a prioridade das mulheres tem sido iniciar a vida profissional e conseguir uma sensação de segurança financeira e de consolidação na carreira – antes de ter filhos.

Por essa ótica, posso dizer que nós, mulheres, queremos nos firmar na vida profissional antes de entrarmos na aventura desconhecida que é ter filhos. A cena é a seguinte: precisamos ter firmeza para então sermos equilibristas (sem experiência alguma na dupla missão). Percebemos que as coisas vão se complicar e não queremos, de maneira nenhuma, abrir mão do que já conquistamos. Por isso, escolher o melhor momento é um desafio muito pessoal. Se você estiver nessa hora, desejo lucidez, coragem, um pouco de flexibilidade, uma pitada de intuição e muita vontade!

***

Volta ao trabalho, com um olho em casa

Aumentou o número de mulheres que pensaram em largar a carreira, e os sentimentos na volta ao trabalho são muito mais sombrios hoje do que há 16 anos

Sou uma observadora de comportamentos femininos e das transformações da sociedade, em todas as suas facetas. Já se passaram quase 16 anos desde que escrevi o primeiro livro sobre a Vida de Equilibrista. De lá para cá, aconteceram poucas mudanças que de fato favoreceram o equilibrismo. Vamos pensar: o que hoje facilita a vida de uma mãe que trabalha fora? Podemos contar com homens mais participativos, mas, na real, eles ainda são uma minoria consciente. E do lado das empresas, quais foram as mudanças? *Home office* mais disseminado? Pode ser, ainda mais depois da pandemia do coronavírus.

Por outro lado, o digital nos trouxe uma verdadeira armadilha. Permite que trabalhemos em todos os cantos e fusos horários, e isso traz flexibilidade. Mas nos faz trabalhar sem nos dar conta de que o relógio está andando, de que férias representam um período de descanso e de que ir ao banheiro não inclui carregar o celular junto.

Doze anos após a primeira pesquisa com as mães que trabalham, realizei outra, para investigar as percepções delas sobre os mesmos temas[3]. Uma das alterações que me chamou bastante atenção foi a lista de sentimentos relacionados à volta ao trabalho após o nascimento do bebê. Em 2007, ficaram nos *top 5* ansiedade, alegria, insegurança, conflito e culpa. Em 2019, insegurança, ansiedade, medo, angústia e culpa... a alegria se foi!!!

Atualmente, o fardo parece mais pesado e sombrio. A primeira sensação positiva que aparece é a felicidade, e somente na oitava posição! Sentimentos como insegurança e ansiedade seguem no *top 3*, mostrando que formam o binômio mais presente nessa passagem da vida.

Dá para perceber essas mães equilibristas mais tristes, tensas e com muito medo ao voltar ao trabalho, embora sintam um pouco menos de culpa e estejam menos ansiosas. Arrisco dizer que essa lista de sentimentos, mais puxada para temas negativos, também tem influência da crise econômica. Ela abre espaço para dúvidas: e se eu for demitida? E se os negócios não andarem? Como vamos sustentar mais uma boca? Há motivos bastante concretos para estarem preocupadas e sentirem medo.

Outra virada marcante que observo ao comparar os sentimentos daquela época com os mais atuais é o quanto faltava, em 2019, a alegria na volta ao trabalho. Sinal de que está mais difícil se identificar com o mundo corporativo e pesa deixar o bebê em casa. Nos últimos doze anos cresceu a adesão à licença-maternidade, talvez pela maior consciência hoje de que esses primeiros meses de relação mãe-bebê são tão fundamentais.

Investiguei também uma questão-conflito, que mostra como os

---

3. Para escrever meu primeiro livro sobre a vida de equilibrista, em 2007, desenvolvi um projeto de pesquisa específico. Doze anos depois, repeti a parte quantitativa via internet. Coletei respostas de 1.300 mães que trabalham fora (foram 800 em 2007 e 500 em 2019).

sentimentos estão divididos: Você já pensou em parar de trabalhar por causa dos filhos? Nas respostas da pesquisa quantitativa de 2007, metade já havia considerado essa possibilidade, metade não. Em 2019, aumentou o número das que consideraram a volta para casa: 59% pensaram na possibilidade e 41% não. Mesmo assim, entre elas, 62% pensaram, mas desistiram da ideia, pois já haviam resolvido que continuariam trabalhando; 31% seguiam pensando (a dúvida persiste); 7% optaram por largar, ou seja, tomaram a decisão de cuidar exclusivamente da criança.

Mesmo aumentando de 3% (na pesquisa original, em 2007) para 7% o número das que resolveram abdicar da carreira em função dos filhos, ainda é possível dizer que, apesar de tudo e das dificuldades enfrentadas, as mulheres estão no mundo do trabalho para ficar. Não é uma estadia passageira, é um fenômeno permanente, uma conquista da qual a maioria delas não abre mão.

De toda forma, esse aumento também indica a dificuldade em conciliar papéis e revisar as prioridades. A pesquisa apontou que as equilibristas estão se achando mais sobrecarregadas (essa percepção aumentou de 70% para 79%). Além disso, perdeu força o mito de que a qualidade compensa mais do que a quantidade de tempo passado com os filhos e se ampliou outra afirmação: eu trabalho porque quero ser independente financeiramente do meu marido/companheiro (77%).

O que é perene e contínuo desde a primeira pesquisa (e, provavelmente, desde sempre) é a sensação de alegria por ser mãe (a concordância com a frase 'minha maior alegria é ser mãe' foi de 93% em ambas as pesquisas).

Portanto, olhando para todas essas respostas, consigo visualizar um tripé de sustentação da identidade da equilibrista. Ela é muito feliz com a maternidade, sente-se sobrecarregada e trabalha para ter independência financeira. Você se identifica?

Medida urgente: rever seus conceitos!

Descobri que estou grávida: eu conto para o chefe? Pode parecer antiquado, mas essa dúvida aparece!

Estou grávida: conto para o/a chefe? Essa pergunta parece muito antiquada. Parece, mas não é. Muitas mulheres ainda sofrem por causa dela. A feliz notícia da gravidez muitas vezes é acompanhada pela dúvida de como e quando contar ao/à chefe. Espero os três primeiros meses? E se eu começar a enjoar e ficar meio "na cara"? Mas isso vai prejudicar a promoção que vem sendo acenada para mim nas últimas semanas?

Pois é, mesmo nos tempos atuais, ainda paira essa dúvida na cabeça de muitas mulheres e os fantasmas se misturam com a felicidade da notícia. Estarão essas grávidas exagerando ou esse receio é válido? Aliás, muitas mulheres, depois que decidem ter filhos, ainda escondem essa vontade. O raciocínio é o de que o silêncio sobre o assunto é mais eficaz e promoverá menos turbulências na carreira.

Mas de onde vem tanto medo? Uma das razões nasce da nova identidade social que a mulher passa a assumir, entendendo o termo identidade social como a forma como alguém é percebido por si mesmo e pelos outros. Ou seja, ela migra de uma identidade de mulher profissional para uma de mulher-profissional-grávida. Nesse trinômio, parece que o "pilar" grávida é o que mais se mostra saliente (com e sem trocadilhos!). Sim, além de tudo, a gravidez é visível, a barriga crescendo é um fato, assim como os possíveis enjoos. Pois bem, junto com a identidade social da grávida caminha uma visão estereotipada de que a mulher nessa fase se torna mais emotiva e mais frágil, o que seria o contrário do que se espera de uma profissional.

Conscientes desse mecanismo social, o que as grávidas fazem é lutar contra o estereótipo, evitando todas as atitudes que possam reforçá-lo. Ou seja, é uma tentativa de administrar a identidade social para que as distorções sejam minimizadas. Certa vez, ouvi de uma grávida: *"Sabe, em alguns momentos eu fiz mais coisas e me esforcei ainda mais durante a gravidez. Queria mostrar que minha atitude como profissional não havia sido abalada pela gravidez. Até exagerei em alguns dias."* Ou seja, parece que as mulheres precisam provar que estar grávida não significa ser uma profissional pior. E esse mecanismo não começa quando vem a notícia do "positivo". Algumas mulheres, já sabendo que precisarão se provar mais adiante, meses antes da gravidez já acionam o mecanismo da compensação. Ou seja, mostram-se ainda mais capazes, ainda mais competentes, e dessa forma sentem-se mais blindadas contra futuras potenciais críticas.

Já basta, não? Está na hora de empresas, chefes e colegas – homens ou mulheres – pararem com todo esse policiamento às grávidas e reverem seus conceitos. Lembro-me de uma antiga propaganda da Fiat que trazia esse apelo como uma tentativa de mudar a imagem da marca, ainda contaminada por uma visão ultrapassada. Acho que esse "mote" da Fiat, que sugeria que estava na hora revisar conceitos, se encaixa muito bem para esse tema. Vamos juntos lutar para mudar os atuais estereótipos sobre as grávidas e rever a identidade social da mulher-profissional-grávida? Afinal, gravidez não é doença e a medicina ainda não provou que a mudança hormonal compromete a competência de alguém!

***

A vida de equilibrista bate à porta, prepare-se!

5 dicas que ajudam a olhar de frente para as mudanças que estão por vir

Com a gravidez, nossa vida muda. Passamos a ver barrigas e bebês por todos os lados. O mundo parece que nunca teve tantas ofertas de fraldas ou carrinhos. Nossos assuntos mudam e os interesses também. Falamos de amamentação, trocamos dicas de pediatras, sabemos tudo sobre parto e gastamos horas pesquisando sobre o enxoval do bebê. Sem falar nas horas discutindo o nome da criança. Nosso dinheiro também já tem destino mesmo antes de chegar às nossas mãos.

Não foram poucos os textos que escrevi comentando sobre como o mundo ganha outra perspectiva após a maternidade. Aliás, a Johnson & Johnson, uma das marcas que considero um ícone da maternidade, lançou em 2016 uma campanha mundial muito linda com o tema *"For every little wonder"*[4] (algo como para cada pequeno momento de encantamento) e fala justamente das mudanças que uma mãe e um pai sentem com a chegada dos filhos. Na voz em *off* de uma criança ouvimos, *"You know mommy, I will change you..."* (você sabe, mãe, eu vou te mudar; em tradução livre). Verdade! Eles vão mesmo nos mudar, e muito! Como já é tradição, a marca Johnson's reforça nesta campanha seu papel de estar ao lado de mães e pais.

Ah, e muito bem lembrado: o filme tem uma versão para a mãe e outra para o pai, coisa que nem sempre é comum; desta vez, se lembraram de que pai também é responsável pelos filhos.

Mas quero usar o tema da mudança para falar de algo que vem antes. Quero falar daquilo que podemos fazer para nos preparar para nossas vidas de equilibristas. Nesse planejamento para a chegada do bebê, damos atenção a dezenas de temas: berço, cor do quarto, enxoval, carrinho, cadeirinha do carro, mala para a maternidade, escolha do nome, enfeite de porta da maternidade, escolha dos padrinhos, futuro pediatra, planos de amamentação, local do nascimento, tipo de parto, dias de licença etc.

Porém, poucas mães e pais fazem planos para quando a vida de equilibrista chegar de verdade. Planos para quando a rotina da casa e do

---
4. No momento em que este livro foi lançado, o filme, produzido pela O2 Filmes, estava disponível no Facebook, em: https://www.facebook.com/watch/?v=10153972549305219

trabalho for retomada, para quando a mãe e o pai precisarem equilibrar os pratinhos, e não mais apenas se concentrar no bebê.

Com a frase do comercial na cabeça, *"You know, mommy, I will change you"*, fico pensando o que podemos fazer para nos preparar para as mudanças que virão pela frente quando a vida de equilibrista chegar. Já sabemos que a vida vai mudar, até o bebê da Johnson´s sabe. Com isso em mente, a seguir trago cinco dicas práticas de coisas que podemos fazer para nos preparar melhor para as mudanças que estão por vir.

1. Converse sobre o tema com seu companheiro/companheira. Certamente vocês falam de tudo nessa fase pré-bebê. Esse também é o momento de pensarem e discutirem qual a melhor forma de dividir as tarefas quando ambos retomarem as rotinas de trabalho. Como diz o ditado, "o combinado não sai caro". Vale a pena chegarem a um acordo do melhor caminho para a nova dinâmica familiar, quem faz o quê, a que horas, em que dias da semana.

2. Construa um plano de voo. Planejar nunca é demais e organizar bem o retorno ao trabalho é uma das formas mais eficazes de ele ser mais ameno para a mãe, para o pai e para o bebê. Planeje como vai se organizar para amamentar na retomada da rotina profissional, se esse for o caso, ou então quando prevê desmamar para não deixar para tão em cima da hora o desmame. Planeje com quem ficará o bebê. Se for uma creche/berçário, visite ainda na gravidez, com calma e sem a pressão do tempo para decidir. Planejar é a melhor forma de garantir que as coisas aconteçam da forma certa, sem atropelos. Se temos nove meses para esperar o bebê e boa parte do tempo usamos para comprar coisas, vale usarmos algumas horas ou dias para esse planejamento que pode nos ajudar imensamente, ainda mais nesse momento de estreia na vida de equilibrista. No caso do primeiro filho, isso deveria estar na lista de prioridades.

3. Pense num *backup*. Muitas vezes o plano é ultra bem feito, mas,

como todo plano, há falhas e precisamos estar preparados para elas. Tenha sempre um plano B ou até mesmo um plano C. Uma pessoa que possa cobrir a babá no caso de ela faltar. Um pediatra que seja de confiança, caso o seu esteja viajando. Uma marca alternativa de leite, caso não encontre a que está habituada. Acredite, ter um plano B nos previne de termos que resolver tudo em cima da hora, sem nunca antes ter pensado sobre o tema.

4. Não terceirize a sua intuição. Sim, você tem intuição e sabe o que é melhor para seu bebê. Use o tempo antes da vida de equilibrista chegar para pensar como quer educar seu filho/filha, o que é importante para você e seu/sua companheiro(a) e do que não abrem mão. O filho da vizinha é o filho da vizinha e nem sempre o que serve para ele serve da mesma forma para seu bebê. Estabeleça suas prioridades, converse com seu pediatra e tome suas posições. Nem mãe nem pai vêm com manual de instruções, mas você aprenderá tudo, acredite. Não faça apenas porque está na moda ou porque dizem que é bom. Faça aquilo que faz sentido para você e sua família. E essa preparação para saber o que importa para você deve começar desde a gravidez. Você verá que palpites não faltam e por isso é importante ter essa clareza do que é relevante para você, para o seu bebê e para a história que construirão juntos.

5. Aceite falhas. Junto com a maternidade/paternidade vem uma série de coisas, entre elas a nossa capacidade de aceitarmos que vamos falhar. Educar filhos não é uma ciência exata, muito pelo contrário. Aceitar nossas falhas é um exercício que podemos começar a fazer desde a gravidez. Aceitar se engordamos mais do que queríamos. Aceitar uma cesariana, mesmo quando seu sonho era ter parto normal. Aceitar que a perfeição não combina com maternidade/paternidade. Comece a praticar que somos falíveis como pais e que perfeição não existe, pelo menos no campo da maternidade/paternidade.

Finalizo repetindo o tema *"You know, mommy, I will change you..."*. Sendo assim, é melhor se preparar pensando nessas cinco dicas que compartilhei com você para poder aproveitar tudo de bom que vem junto com tantas mudanças.

***

Nada será como antes: trocando milhas por fraldas

São muitas as mudanças que acompanham a paternidade e a maternidade

Um dia, almocei com um amigo e parceiro de trabalho que não via há vários meses. Entre muitas novidades que compartilhamos, a maior delas foi a notícia de que meu amigo seria pai pela primeira vez. Aos 41 anos, esse profissional empreendedor, que viajava pelo país e pelo mundo, já começava a experimentar as mudanças que a paternidade (e a maternidade, claro) traz às nossas vidas. Uma das melhores frases que ele falou em nosso almoço foi:

"A vida tá diferente... Eu, que colecionava milhas de viagem para trocar por novas viagens, agora já comecei a colecionar milhas com o intuito de trocar por fraldas!". Ou seja, antes mesmo de o pequeno Luis Guilherme vir ao mundo, ele já dava pistas de que a vida de seu pai nunca mais seria a mesma (e ouso dizer que a vida de sua mãe também, mesmo sem conhecê-la). Nada será como antes...

Ao longo de nossas vidas, são inúmeras as mudanças que temos que enfrentar: mudanças de escola, mudanças de emprego, mudanças de estado civil, mudanças de parceiros/parceiras, mudanças de casa, mudanças de cidade. Cada uma dessas mudanças exige de nós algum tipo de adaptação, algum jogo de cintura e sempre uma boa dose de coragem. No entanto, nada se compara às mudanças que acompanham a paternidade/maternidade, ainda mais quando se trata do primeiro filho. Muda tudo. E muda para sempre. Nada será como antes...

Muda nosso ritmo de sono.

Muda nosso estado de espírito.

Muda nosso lazer.

Muda a relação com o trabalho.

Mudam os hábitos de consumo de mídia.

Mudam as viagens e destinos.

Muda o guarda-roupas.

Muda o orçamento familiar.

Muda a visão das celebrações, dos aniversários, do Natal.

Muda a alimentação.

Muda a relação com nossos pais.

Mudam nosso coração e nossa cabeça.

Muda nossa identidade.

Claro que nem todas essas mudanças são tranquilas ou feitas sem um certo grau de tensão. Todas elas trazem *ups and downs*, euforia e cansaço, prazer e medo. Mesmo assim, o saldo das mudanças, pelo menos da forma como vivenciei a maternidade de meus dois filhos, sempre foi muito positivo. Muito mais delícias do que dores. Hoje, meus "pequenos" já são adultos e eu mudaria tudo outra vez, se preciso fosse.

Novos ares, novas possibilidades, novas prioridades, novos desafios, novas emoções vêm junto com a maternidade/paternidade. Assim, só poderia dizer ao meu amigo que nada será como antes, ainda bem! E se eu pudesse dar mais um conselho: continuar juntando milhas, porque haja milhas para tantas fraldas que virão por aí. Mas tenho certeza de que você usará suas milhas com um sorriso imenso, como poucos em sua vida. Para fechar, como diz Lulu Santos em sua música: *"Nada do que foi será do jeito que já foi um dia..."*.

Bem-vindo, Luis Guilherme!

***

Creche, babá ou avó? Tem melhor?

Fazer uma lista de prós e contras ajuda você a tirar essa dúvida

As 40 semanas da gestação passam rápido e, quando nos damos conta, nosso bebê já está em nosso colo. Os meses de licença-maternidade voam e de um dia para o outro já começamos a nos equilibrar entre nosso velho mundo, o trabalho, e nosso novo mundo, o bebê.

Somando tudo, temos mais de um ano para pensar em como será nossa vida de equilibrista, especialmente se estamos estreando na maternidade. Mas, mesmo com esse tempo todo, é apenas na hora do "vamos ver" que o bicho pega e vem a dúvida: afinal, o que é melhor, deixar o bebê numa creche ou berçário, contratar uma babá ou poder contar com o apoio de uma avó?

Já tiveram essa dúvida? Pois é, se a sua resposta foi sim, bem-vinda ao clube das equilibristas. Toda vez que escrevo algo fico com a impressão de que no fim das contas sempre abro todas as possibilidades e não me posiciono. É verdade, não é apenas uma impressão. Isso porque não acho que existam verdades absolutas quando pensamos em como criar filhos. Cada filho é um, cada mãe e cada pai são únicos. Cada dinâmica que se instala em cada casa é sempre particular. Não acredito em regras que sejam *"one size fits all"*, como se fala em inglês, ou seja, que cabem para todo mundo.

Com o tema que me propus a discutir aqui também é assim. É sempre uma questão de perspectiva, de prós e contras, de um momento de nossas vidas. Então, o que ponderar? Trago aqui para cada uma das possibilidades um lado "luz", que seriam os temas positivos dessa opção, e um lado "sombra", que seriam os fatores mais desafiadores que se apresentam simultaneamente.

Creche ou berçário

O lado luz traz claramente o benefício de contar com uma equipe profissional, especializada, que sabe o que faz. Junto ainda vêm a possibilidade da convivência com outras crianças e a certeza de que você pode contar com esse espaço todos os dias. Para uma mãe ou pai que precisam dessa segurança, um berçário indiscutivelmente é uma boa opção, já que ele tem um compromisso e tem as portas abertas sempre, em dias de sol ou de chuva. Escolher uma creche ou um berçário perto de casa ou do trabalho é fundamental para ter a certeza de que os deslocamentos serão fáceis.

O lado sombra do berçário começa com o custo. Bons locais em geral têm um valor alto e a família precisa ter essa disponibilidade todos os meses. Também há o tema das férias da creche, então pergunte antes de contratar como eles operam nos feriados, na época de Natal e em julho. Muitas funcionam quase que continuamente, outras não. Também pesa contra o fato de você ter que tirar o bebê ou criança de sua casa e fazer o "leva e traz" todos os dias.

Babá

O lado luz da babá é, de forma inversa à sombra da creche, a possibilidade de a criança ficar em casa e, assim, preservar sua rotina. Horas de sono, espaço de brincar, comidas etc. Junto com isso, vem a certeza de que quem sai para trabalhar é a mãe ou o pai apenas. Os bebês não precisam, nesta opção, fazer os deslocamentos que, como sabemos, em cidades grandes, são desgastantes.

O lado sombra da babá passa principalmente por dois temas. A confiança na pessoa que estará boa parte do dia com seu bebê e, além dela, a instabilidade na rotina causada por faltas ou doenças. É possível que em alguns dias a babá não esteja disponível e esse pai ou mãe vão precisar improvisar. Quem já viveu isso sabe que não é tão raro acontecer e gera um estresse danado.

Avós

O lado luz dos avós é termos a certeza de que nossos filhos terão afeto, carinho de sobra e que eles farão tudo ao seu alcance para agradar. Também não há desembolso nessa opção: não conheci ainda avós que cobrassem para essa função.

O lado sombra também tem a ver com o afeto, que pode virar permissibilidade exagerada, falta de limites etc. Tudo com boa intenção, mas avós, em geral, fazem aquilo que consideram correto, o que nem sempre combina com a visão dos pais. Alguns casais também sentem que ficarão devendo favor e que essa conta um dia será cobrada.

Como veem, a decisão não é fácil, não há certeza de nada. Apenas uma: qualquer decisão que se tome sobre esse tema não é definitiva e pode ser mudada. Aja da forma que lhe parece mais adequada, sem medo de que terá que ser para sempre.

***

Um recomeço, agora com filhos

Com a maternidade e a paternidade, resgatamos experiências da infância e encontramos novos significados para a palavra vida!

A cada virada de ano, fico pensando muito no que significa recomeçar.

Entre planos, promessas e desafios, temos a certeza de que tudo será diferente, que o recomeço é uma chance de dar aquela guinada na vida.

O poema *Recomeçar*, de Paulo Roberto Gaefke, é brilhante para iluminar nosso recomeço e reafirma que é sempre possível recomeçar:

> ...Recomeçar é dar uma nova chance a si mesmo...
>
> é renovar as esperanças na vida e o mais importante...
>
> acreditar em você de novo...

Pensando no recomeço, pus-me a refletir sobre o significado de maternidade/paternidade e percebi que há um claro ponto de contato com a ideia de recomeçar.

A maternidade/paternidade é claramente um momento de recomeço, de vitalidade, de uma nova e contagiante energia de vida que toma conta de nós.

Um dia desses, uma amiga postou em sua página no Facebook, referindo-se à filha de 2 anos: "como existia vida antes de você?". A vida que surge pós-filhos é muito diferente, recomeçamos uma nova vida, algo como AF e DF: antes dos filhos, depois dos filhos. Muitas coisas já existiam no "AF", mas o momento "DF" traz um novo colorido à nossa rotina.

Recomeçamos a viver, agora como pais e mães.

Recomeçamos a aprender coisas que nunca imaginávamos que seria possível.

Recomeçamos a saber o que é levantar da cama com alegria, mesmo acordando exaustos no meio da madrugada.

Recomeçamos a saber como transformar magicamente nossas 24 horas em verdadeiramente "úteis", 7 dias por semana.

Recomeçamos a ver que a vida tem cores que antes não conhecíamos.

Recomeçamos a sentir que nossa vida tem uma razão de ser muito maior do que imaginávamos ser possível.

Recomeçamos a aprender coisas que achávamos que nem mais sabíamos, antigas cantigas, antigas receitas, antigas brincadeiras.

Recomeçamos a brincar de casinha, de carrinho, de aviãozinho.

Recomeçamos a pular corda, fazer gol e pega-pega.

Recomeçamos a entender o que a vida de equilibrista significa, administrando nossas vidas multitarefas. Recomeçamos...

Que recomeço maravilhoso é a paternidade/maternidade! Não digo que são sempre apenas flores; seria ingênuo supor isso.

Mas a maternidade/paternidade é um recomeço da alma, um recomeço do amor infinito, um recomeço da vida na sua mais alta intensidade.

E que todos estejamos prontos para recomeçar a cada novo ano com o coração aberto, juntinho da família e inspirados por Paulo Roberto Gaefke:

Não importa onde você parou...

em que momento da vida você cansou...

o que importa é que sempre é possível e

necessário recomeçar....

...Porque sou do tamanho daquilo que vejo,

e não do

tamanho da minha altura[5].

***

---

5. Este poema é muitas vezes atribuído, erroneamente, a Carlos Drummond de Andrade, em postagens na internet. Seu verdadeiro autor é o poeta paulista Paulo Roberto Gaefke. Os dois últimos versos ("Porque sou do tamanho daquilo que vejo / e não do tamanho da minha altura") são uma citação de um poema de Alberto Caeiro (heterônimo de Fernando Pessoa).

Mudanças de mãe

A vida muda quando a gente se torna mãe. E a maior diferença não está nas conversas nem no corpo

Quando nosso estado muda, de uma mulher sem filhos para uma mãe, muita coisa se transforma em nossas vidas. Talvez, junto com as mudanças de nosso corpo, várias novas facetas de nós mesmas comecem a desabrochar.

No meu caso, lembro-me de que a mudança foi tanta que até me aventurei a fazer um sapatinho de tricô para minha filha, coisa que eu jamais havia feito até então. Também observei que, quando ficamos grávidas, parece que o mundo à nossa volta é uma barriga. Pelo menos essa é a sensação que tive, com a atenção mais apurada e o olhar dirigido para outras tantas grávidas.

Comecei a ler sem parar. Queria saber tudo sobre gravidez, sobre o bebê, sobre o que acontecia a cada semana, sobre o parto. Faminta de informação, devorava cada palavra. Revistas, internet, *blogs*, redes sociais começam a ter um colorido diferente e nos puxam para ler tudo sobre a nova vida.

No dia a dia, mal olhamos para nosso corpo, a não ser quando a calça dá sinais de que exageramos no final de semana. Depois da gravidez, adoramos ver a barriguinha saliente, sentimos uma certa frustração quando ela demora a aparecer e a estufamos com orgulho de quem carrega um troféu precioso por nove meses.

Devoramos listas de nomes de bebês, naquela busca pelo nome ideal. Esse não, esse talvez, esse nem pensar por que conheço uma pessoa chata com esse nome, esse pode ser, mas qual vai ser o apelido? Passamos a prestar atenção em nomes. Sem falar nas conversas com amigas, especialmente as que já são mães. Nossa, que conversa que rende! Contamos do que sentimos, das expectativas, das dúvidas, trocamos dicas e dividimos medos. E pensar que, antes de termos filhos, achávamos a coisa mais sem graça do mundo quando amigas desembestavam sem fim a falar sobre a gravidez e sobre os filhos. Torna-se o melhor papo do mundo!

Passamos a gostar de cheiros que pareciam impossíveis de serem apreciados. Cheiro de Hipoglós, de xampu de bebê, do talco, do leite e até da fraldinha. Hoje ainda sinto esses cheiros quando lembro daquela fase da vida e tenho saudades de todos eles. E como aprendemos nomes e termos novos! Termos da gravidez, nomes de produtos, marcas de carrinhos, nomes de maternidade. Coisas que antes eram "grego" passam a ser palavras do cotidiano. Grávidas se comunicam através de um alfabeto próprio, recheado de cueiros, doulas e afins.

E como nos tornamos consumidoras vorazes! Tudo de bebê é lindo e é quase impossível resistir. Quem tem a chance de ir para os Estados Unidos fica enlouquecida com a "fofurice" das coisas e os preços incríveis. A vitrine mais linda não é mais a da loja de sapatos femininos e nem aquela maquiagem fascinante. Lojas de fraldas, carrinhos, roupinhas, são uma tentação que nos leva a perder a cabeça e certamente gastar bem mais do que o planejado. Quem já não comprou uma peça para o bebê que mal deu tempo para ele usar? Junto com a mãe, nasce uma consumidora voraz e apaixonada.

Mas talvez a maior mudança de todas seja algo que toma conta de nosso corpo todo, de nossa alma, de nosso coração. Um amor como nunca existiu, uma força intensa, que não cessa. Uma sensação gostosa, ardente, feliz. Depois que o bebê nasce, a barriga se vai, a fúria das compras diminui e os enjoos passam. Mas o amor pelos filhos segue crescendo a cada dia que passa e essa sensação vai nos preenchendo, mudando quem nós somos, nos transformando como pessoas. Hoje, com meus filhos já crescidos, posso dizer que os amo ainda mais agora do que quando eles nasceram. Fomos mudando juntos, crescendo e nos transformando.

Agradeço todos os dias por tantas mudanças maravilhosas!

Longe do ideal, perto do possível

Cada uma de nós tem um possível, o ponto que para nós é o melhor que podemos fazer

Há algum tempo, estive em um evento onde tive a oportunidade de palestrar e o privilégio de ouvir mulheres inspiradoras. Muitas vezes tenho impressão de que ainda precisaremos de muitas discussões como essa, uma vez que as perguntas que surgem da plateia mostram temas que estão longe de serem resolvidos. Outra forma de ver isso é pensar que há sempre uma nova geração chegando e que fará os mesmos questionamentos, ainda que com uma roupagem renovada.

Um desses temas persistentes em eventos em que temos mães na plateia é o da conciliação entre maternidade e trabalho. Aliás, o termo que criei em 2007, "Vida de Equilibrista", veio dessa inquietação constante que carregamos. E não há evento desse tipo em que alguém na plateia não levante a mão e pergunte:

> *O que é mais importante: qualidade do tempo com os filhos ou a quantidade de horas que passamos juntos?*

Pois é, nesse evento não foi diferente e a mesma pergunta veio contextualizada pela vida de uma mãe equilibrista da plateia. Ela estava sofrendo porque tinha muito pouco ou quase nada de tempo para o filho nos dias de semana e tentava usar o máximo do seu tempo do final de semana para essa relação. A pergunta foi lançada num painel com a presença de uma pediatra, que com bom senso, experiência e empatia, respondeu algo mais ou menos como:

> *Essa situação que você vive está longe do ideal, mas perto do possível neste seu momento.*

A frase acima é da dra. Florencia Fuks, que compunha o painel e foi quem respondeu à dúvida da mãe da plateia. Desde quando a ouvi, pensei muito sobre o tema e sobre as palavras usadas pela médica. Acho que cada palavra proferida pela dra. Florencia é preciosa e por isso tomo a liberdade de olhar mais atentamente para cada uma delas.

Começando por *"longe do ideal"*. Já temos aqui duas palavras que me fazem refletir. Sim, existe um mundo supostamente ideal e neste mundo talvez pudéssemos equilibrar mais nossas horas ou, pelo menos, administrá-las como achamos mais adequado. Mas na vida real talvez estejamos longe disso. Nossas horas escapam de nosso controle e a correria do dia a dia, gostando dela ou não, toma boa parte da rotina. Cabe aqui uma observação: o ideal é algo muito pouco definido e toma formas muito variadas em cada um dos lares. Seja porque mães são diferentes umas das outras, seja porque nossos filhos são, da mesma forma, únicos à sua maneira. De todo modo, cada um tem um ideal e a pergunta da mãe da plateia indicava que para ela o ideal não estava próximo. Também a resposta da médica afirmava que a vivência dessa mãe estava longe do ideal, uma vez que ela pouco ou nada ficava com seu filho durante a semana. Mas calma, isso é apenas uma parte da história e uma parte da resposta.

Indo para o outro lado da frase, *"perto do possível"*: talvez aqui resida a grande sacada e inspiração para a mãe da plateia e para tantas outras. Cada uma de nós tem um possível, o ponto que para nós é o melhor que podemos fazer. Acredito muito que devemos nos pautar para estar o mais perto que consigamos do possível. É neste ponto que está o **nosso** ponto máximo e reflete a **nossa** realidade.

Soma-se a esse estado possível a continuação da frase, *"...neste momento"*. Aqui fica claro que as coisas são transitórias e mutantes. **Neste momento** é um tempo do presente e, neste presente, este é o seu possível, seu máximo, seu melhor. Em outros momentos, poderá ser diferente, para mais ou para menos, mais perto ou mais longe.

Em suma: nossa felicidade e a de nossos filhos não estão no ideal, já que este não existe. Ela está naquilo que é possível fazermos por eles, naquele momento. Sugiro que pautemos nossas vidas de equilibristas contabilizando menos as horas e valorizando mais os momentos vividos. Muito mais usufruindo o que temos do que nos punindo pelo que não fizemos. Muito mais pelo possível do que pelo ideal.

***

Que tipo de mãe você é?

Nas propagandas, as mães ora são representadas como "mulheres-maravilha", ora como desesperadas. Na vida real, somos um pouco de cada

Tenho visto várias matérias na mídia comentando sobre as modelos que são escolhidas para os anúncios. Alguns apontam que as consumidoras querem ver uma mulher real, mais parecida com uma mulher de "verdade", exibindo as imperfeições estéticas sem retoques. Outros dizem que isso é uma ilusão e que não há produto que consiga atrair a atenção se ele não inspirar uma pitadinha de sonho nas consumidoras. Ou seja, as modelos sempre precisam ter algo aspiracional, que faça com que a marca seja desejada e consumida. Tendo a concordar com esse grupo e ver que, dentro de certos limites, a propaganda precisa nos inspirar. Não de uma maneira forçada ou falsa, mas de forma que nos seduza e encante. Para isso, um pouco de sonho é fundamental.

Mas vamos ao que me interessa: como as **mães** são retratadas pela propaganda? Mais sonho ou mais realidade? Mais fantasia ou mais verdade nua e crua? Resolvi fuçar e divido aqui com vocês o que observei em anúncios e propagandas.

Encontrei dois tipos de mães retratadas: as "mães-maravilha" e as "mães desesperadas". Não há meio-termo! É uma coisa ou outra. Ou aparecemos como aquela mãe que está sempre atenta às necessidades dos filhos, que antes de o filho pedir já está com tudo pronto, que sempre tem os filhos mais limpinhos e cheirosos da escola toda, que é dedicada, carinhosa, prendada e ainda está super arrumada, mesmo estando atarefada e sem um segundo para si própria. Ou o extremo oposto: somos aquela mãe descabelada, que parece que sempre está devendo alguma coisa, que se atrapalha para gerenciar suas múltiplas tarefas, que esquece os filhos na escola, perde as apresentações de balé e não tem tempo para dar tchau para o filho que está indo com a escola em sua primeira excursão.

A primeira mãe é só sorrisos. A segunda mãe não tem um fio de cabelo no lugar. A primeira mãe é celebrada socialmente e pela propaganda. A segunda mãe é a antítese do ideal de mãe e a propaganda põe todos os defeitos nela. Uma é pura dedicação. A outra é pura culpa. Uma é consagrada. A outra é criticada. Para a primeira mãe, as marcas mostram que reconhecem seu "bom" trabalho e que estão ao lado dela para que assim demonstre, ainda mais, sua dedicação à família. Para essas mães, as marcas surgem como parceiras de algo que elas já são, mas que serão ainda mais, agora com a marca anunciada ao seu lado. Para a segunda mãe, as marcas surgem como solução. Sua vida vai se transformar e rapidamente ela se tornará uma mãe muito "melhor", mais atenta, mais preparada, mais amparada. Para as "mães-maravilha", temos as marcas aliadas. Para as "mães desesperadas", temos as marcas salva-vidas.

Qual dessas duas imagens é a correta? Quem é a mãe de verdade e quem é a mãe fantasia? Chego à seguinte conclusão: ambas existem e são verdadeiras. Somos um pouco de cada uma delas, todos os dias. Migramos de um estado de mãe para outro. Combinamos esses dois lados. Somos, ao mesmo tempo, "mães-maravilha" e "mães desesperadas".

Vivemos essas polaridades de modo intenso, cotidiano e visceral. E aí é que está a beleza da maternidade. Ou seja, não é ser uma coisa ou outra. É poder viver ambas as possibilidades plenamente. É ser um pouco perfeitinha e um pouco atrapalhada.

Infelizmente, poucas marcas conseguem nos mostrar dessa forma e se restringem a retratar as polaridades da maternidade. Ora ela é a "mãe-maravilha", ora ela é a "mãe desesperada". Mas "mãe de verdade" é um pouco de cada coisa, um pouco de fantasia e um pouco de realidade. "Mãe de verdade" tem esse tempero, essa mistura gostosa, esses altos e baixos, sem saber exatamente onde é o alto e onde é o baixo. "Mãe de verdade" é a mãe que acorda como "mãe-maravilha" e vai dormir como "mãe desesperada", ou vice-versa.

***

De equilibrista para equilibrista

Sobre as barreiras de ser mãe e as frases que desafiam preconceitos e reafirmam nossa confiança nos momentos mais complicados

Sei que isso é óbvio, mas ser mãe é difícil. Muito difícil. Não importa que tipo de mãe você é, criar filhos é sempre garantia de uma vida desafiadora. Haverá bons e maus dias. Haverá dias em que nos sentiremos as pessoas mais felizes do mundo, e dias em que acharemos que nossas cabeças (e corações) vão explodir. Dias em que nos sentiremos perfeitas e competentes e outros em que acharemos que o mundo vai cair sobre nós e que nada parece dar certo. A maternidade é mesmo uma montanha-russa, cheia de risadas, medos, incertezas e emoções. Ninguém há de negar: não existe monotonia.

Assim, ser mãe traz junto com a maternidade suas próprias barreiras a serem ultrapassadas, desde culpa e extrema exaustão até doses extras de paciência e de bom senso. Quando se adiciona a isso uma vida de mãe equilibrista, com trabalho fora de casa, patamares olímpicos podem ser atingidos. Somam-se a isso todos os preconceitos que o mundo corporativo e a sociedade impõem às mães que trabalham fora, vistas muitas vezes como profissionais menos comprometidas com suas carreiras ou como mães relapsas. Ou seja, além das dificuldades em lidar com nossas vidas, temos de combater estereótipos que ainda nos perseguem.

Bom, se você está em algum desses dias, sentindo-se incapaz, culpada ou precisando de uma palavra de ânimo, este texto foi feito para você. Reuni aqui algumas citações que já ouvi de outras mães em momentos de desabafo. Parte dessas afirmações vem de mães de fora do Brasil e nem por isso deixam de ser válidas para as brasileiras. Muito pelo contrário, cada vez mais me convenço de que a maternidade guarda muito de universal. Leia-as e releia-as naqueles momentos em que você precisa de um apoio adicional para seguir seu dia e combater algumas crenças instaladas que ainda nos rondam, em pleno século XXI. Certamente essas afirmações não são a solução definitiva para nosso mal-estar, mas nos mostram que não estamos sozinhas em nossas vidas de equilibrista. E mais do que isso, elas nos relembram de que não há nada de errado em ser mãe e trabalhar fora: isso não nos faz "menos" mães nem "piores" profissionais, muito pelo contrário. Sendo assim, vamos às frases que ouvi por aí:

1. Não é porque eu trabalho fora que isso significa que não seja difícil ficar longe de meus filhos.
2. Culpa é algo que todas as mães sentem, trabalhando fora de casa ou não.
3. Ser uma mãe que trabalha fora não é o mesmo que dizer que minha família não é minha prioridade.
4. Na verdade, todas as mães são equilibristas e todas as mães merecem nosso respeito.

5. Gostar do meu trabalho não é sinal de que não gosto dos meus filhos.

6. Não é porque meus filhos ficam no berçário/escolinha que isso indica que outras pessoas os estão criando.

7. Não é o fim do mundo se eu perder alguma apresentação na escola de meus filhos, ou reunião ou jogo de futebol. Estar presente apenas não define o que é uma boa mãe.

8. As famílias são diferentes umas das outras. Escolho o que parece melhor para nossa família, e não para a do vizinho.

9. Ter filhos pequenos não é motivo para não ser merecedora de um cargo de maior responsabilidade na empresa onde trabalho.

10. É saudável para meus filhos me verem trabalhando e é assim que quero que eles me vejam.

Poderia seguir infinitamente completando essa lista com frases que ouvi por aí, mas paro nessas 10. Vou adorar ouvir sua contribuição, quer compartilhar comigo sua frase? Envie pelo *e-mail* cecilia@vidadeequilibrista.com.br. Assim seguimos com o espírito de nos apoiarmos nesta jornada da maternidade, de equilibrista para equilibrista.

***

Mães em pé de guerra

Uma puxa para cá, a outra puxa para lá. E aí, quem tem razão?

Tenho testemunhado ao longo dos anos um cabo de guerra persistente. De um lado, as mães que trabalham fora. Do outro, as mães que não têm uma atividade profissional e se dedicam, quase que em tempo integral, a suas famílias. Algumas vezes de forma velada e outras nem tanto, as acusações entre esses dois grupos são intensas, com troca de olhares desafiadores, palavras ríspidas e provocações variadas. Um lado sempre acusando o outro. Mães que trabalham fora argumentam que as mães que "apenas" cuidam dos filhos ficam limitadas, são dependentes, perdem a voz ativa e andam na contramão dos avanços femininos. E em tom acusativo falam coisas como "essa mãe não faz 'nada', fica 'só' com os filhos".

Frases do tipo "elas estão abrindo mão de ver os filhos crescerem, eu não perco esses momentos por nada" resumem coisas que já ouvi do outro lado. As mães que se dedicam integralmente aos filhos acusam as mães que trabalham fora de, ao focarem excessivamente na vida fora de casa, estarem "abandonando" os filhos, deixando-os em segundo plano e, assim, perdendo um tempo precioso de convivência com a família. Uma puxa para cá, a outra puxa para lá. E aí, quem tem razão?

No meu entender, nenhuma das duas. Há verdades dos dois lados. Há falsas acusações dos dois lados. Parece que essa troca de acusações existe para que cada um dos lados tente mostrar a superioridade daquela opção defendida, uma sendo "mais mãe" e "mais preocupada" com os filhos e a outra sendo "mais moderna" e "mais capaz", já que gerencia mais pratinhos, dando conta de tudo.

Mas será que estamos discutindo um tema que mostra a superioridade ou maior autoridade de uma sobre a outra? Não vejo assim. Acho que esses dois polos, se posso chamá-los assim, representam escolhas e possibilidades. O eixo que diferencia esse binômio – trabalhar fora ou não trabalhar fora – define caminhos alternativos, decisões de vida, e não uma escala de valor. Não acredito que o desempenho na maternidade tenha a ver com a contabilidade das horas que se passa junto aos filhos.

De ambos os lados podemos ter "boas" ou "más" mães, independentemente do número de horas disponíveis que uma mãe tenha para estar junto aos filhos. Quem me garante que aquela que fica direto com a criança está sendo uma "boa" mãe? Da mesma forma, como saber se a que trabalha fora está sendo uma mãe menos atenta, apenas por estar fora de casa mais tempo?

Essa matemática não funciona e nem se aplica à maternidade. O mesmo se aplica com ser independente, pois vai além de se sustentar economicamente.

Não é porque uma mulher recebe um bom salário que ela tem voz ativa dentro de casa. Já presenciei e conheço várias mulheres que não trabalham fora e que têm uma relação com as decisões da família, as que envolvem dinheiro, por exemplo, em pé de igualdade com seus companheiros. Ou seja, trabalhar fora não é uma garantia absoluta de avanços na questão feminina.

Ser "boa" ou "má" mãe é algo praticamente impossível de ser contabilizado em horas, palavras, salários ou acusações. Mais do que tudo, precisamos ter convicção da escolha que fizemos, seja ela por ser uma mãe em tempo integral, seja por ser uma mãe que trabalha fora.

Ao final, o importante é que ambas, cada uma à sua maneira, estejam felizes com suas decisões. Estou totalmente convencida de que cada uma de nós sabe, no fundo de nosso coração, o que é possível e adequado para nós e nossas famílias. Afinal, como diz o velho ditado, "cada um sabe onde o seu calo aperta".

Se as mulheres querem buscar um mundo onde a igualdade de gênero seja algo verdadeiramente praticado, está na hora de deixarmos a batalha de lado e refletirmos sobre uma forma de **construir junto** umas com as outras, e não de **discutir contra** a escolha oposta. Sou a favor de mais ciranda e menos cabo de guerra.

***

O "paredão" da maternidade

Quando os filhos nascem, é hora de fazer escolhas profissionais. Muito bom poder tomar decisões. Mas, afinal, o que eu quero?

Cada vez mais mulheres ocupam as salas de aula das universidades, ultrapassando o número de homens em muitas áreas. Nas empresas, nos cargos de *trainees*, as "meninas" também disputam igualmente as vagas oferecidas. Essas jovens recém-formadas sonham com um emprego em uma empresa admirada na mesma intensidade que os "meninos". E não poderia ser diferente. Capazes, preparadas, motivadas, as mulheres têm todos os quesitos para serem bem-sucedidas profissionalmente. E muitas, de fato, estão sendo extremamente vitoriosas. Alguns exemplos de nomes no Brasil contam essa história, algumas famosas, outras anônimas, mas igualmente bem-sucedidas.

Como tudo na vida tem uma "conjunção adversativa"... Apesar de tantas oportunidades que vislumbramos para as mulheres no mercado de trabalho, ainda nos deparamos com o **"paredão" da maternidade**. No momento em que a mulher se torna mãe, em muitos casos, o olhar para a carreira também muda. Aquele projeto de buscar um cargo mais elevado, às vezes, perde força e em seu lugar surge um desejo de encontrar um mecanismo para compatibilizar o filho ainda bebê e a carreira. Ambos os "pratinhos" cobram da mulher equilibrista o seu melhor desempenho. De um lado, um ser que ela nunca imaginou amar tanto. De outro, uma carreira, que traz satisfação pessoal e um conforto material. E agora, o que fazer? A esse momento de rever prioridades, de organizar a vida, de fazer escolhas, eu dou o nome de **"paredão" da maternidade**. A diferença desse "paredão" para os que vemos nos *reality shows* é que quem está no comando somos nós. A decisão e as escolhas estão nas nossas mãos. Por um lado, é muito bom poder decidir o que se quer fazer. Por outro, ai, ai, ai, o que eu quero?

Uma das soluções é buscar alternativas que permitam a conciliação dos dois pratinhos. Trabalhos de meio período (muito raros), *home office* e jornadas com horários flexíveis são algumas das alternativas praticadas. Abrir um negócio próprio ou uma consultoria também entram na lista de opções.

E há um outro contingente de mulheres que preferem dar um tempo e concentrar-se na família, deixando a carreira em compasso de espera. Seja qual for a opção, muitas vezes ela vem junto com uma boa dose de culpa (olha a culpa aí de novo, nos perseguindo!). Culpa por dedicar-se tanto à carreira e depois abrir mão dela. Culpa por não mais ser independente financeiramente. Culpa por achar que está na contramão do que uma mulher, nos dias de hoje, deveria fazer.

Quando me pedem conselhos sobre o que fazer diante desse "paredão" sou bem sincera em dizer: "faça aquilo que você acha que é certo". Não faça apenas porque é mais bonito, porque a sogra está cobrando ou porque as amigas estão fazendo. Pense, converse em casa e tome uma decisão. O bom do "paredão" da maternidade é que ele permite uma reavaliação de tempos em tempos. Você não está eliminada definitivamente se largou a carreira ou se decidiu acelerar para valer. Ou seja, sempre é possível encarar o "paredão" novamente e revisar os planos, se for preciso.

CAPÍTULO 2

ROTINA NA CORDA BAMBA

Gerenciar nosso dia a dia exige sempre uma boa dose de equilíbrio! Fazer escolhas e priorizar é primordial, seja para preservar nossa saúde física e mental ou para cuidar das pessoas que amamos. Em um mundo permeado por tecnologia e atribulado pela quantidade de tarefas a cumprir, em que as experiências com o *home office* levaram o papel profissional para a esfera particular, vale a pena apertar *pause* e ponderar sobre o tempo que reservamos para nós mesmas.

O corpo e a equilibrista

Especialmente na maternidade, nosso foco se dilui entre tantas tarefas que nos esquecemos do valor do nosso corpo para nos manter prontas para nossas vidas equilibristas

Me sinto inspirada pela música de Aldir Blanc que se consagrou na voz de Elis Regina, *O bêbado e a equilibrista*. Em seus versos, já no final da música, ela reflete sobre viver a vida na corda bamba:

> *Dança na corda bamba de sombrinha*
>
> *E em cada passo dessa linha pode se machucar*
>
> *Azar, a esperança equilibrista*
>
> *Sabe que o show de todo artista tem que continuar*

Nossas vidas como mães e pais que equilibram pratinhos conciliando múltiplos papéis nos fazem bem próximos do bêbado de Aldir Blanc. Dançamos na corda bamba, achamos que vamos cair e fazemos tudo para não nos machucar. Ou, nosso maior temor, machucar nossos filhos.

Embalada pela música, quero aqui trazer o foco não para nossas cabeças culpadas e conflitantes, mas, sim, para o corpo da equilibrista, que precisa estar sempre a postos. Afinal, a qualquer deslize, a corda está bamba e pum! Caímos, nos machucamos e o corpo sofre. Dores da alma, mas também dores de corpo.

Sinto que nosso olhar vai exageradamente para nossas cabeças, nossos sentimentos e emoções e nos esquecemos de que dependemos de nosso corpo para nos equilibrar e nos manter firmes na corda bamba da vida. Isso não significa desprezar a cabeça e as emoções que nos atormentam todos os dias, mas, sim, termos a consciência de que elas dependerão de nosso corpo para funcionar bem e até mesmo para carregá-las.

Mães e pais, especialmente aqueles com filhos pequenos, negligenciam seus corpos. Não digo do ponto de vista estético, pois isso é uma opção de cada um, e sim da saúde, de seu valor para nos mantermos vivos por inteiro. Relaciono a seguir algumas áreas que mostram como nosso corpo equilibrista sofre e, acima de tudo, como precisamos parar e estar atentos a ele:

A qualidade do sono. Talvez este seja um dos aspectos mais visíveis da mudança de estilo de vida no momento em que chegam nossos filhos. Aliás, talvez já nas últimas semanas de gravidez. Poucas horas de sono, sono interrompido, rotinas alteradas. Não é preciso explicar muito: o corpo equilibrista sofre, afinal a nossa biologia continua igual e ressente-se quando dormimos mal. O resultado, além das visíveis olheiras, é o peso que carregamos em nosso corpo a partir de sucessivas noites interrompidas.

Corre-corre. A equilibrista parada na corda bamba cai. Parece que o estado permanente da vida de equilibrista é o de estarmos 100% em atividade, seja em casa, seja no trabalho, ou nos deslocamentos de um para outro. Um corpo demandado 24 horas, dia e noite. Corremos para o trabalho, para casa, para o supermercado, para a escola dos filhos. Cansaço, falta de ar, dor de cabeça são todos sinais de um corpo que está trazendo avisos. Resta-nos termos tempo e atenção para ouvi-lo. O corpo precisa de parada, de respiro, de um descanso no sofá. Precisamos respeitar os sinais que ele dá.

Coração. Doenças do coração eram coisas de homens. Como bem diz o cardiologista dr. Otávio Celso Eluf Gebara, autor do livro Coração de Mulher[6]: *"Com a rotina mais atribulada do que nunca e a expressiva participação no mercado de trabalho, além da segunda jornada em casa, o universo feminino passou a conviver com fatores de risco silenciosos como o colesterol alto, a hipertensão, além do sedentarismo e tabagismo e, consequentemente, maior risco de um infarto – que antes*

---
6. Coração de Mulher, de Otavio C. E. Gebara e Raul Dias dos Santos, Editora Abril, 2009.

era associado somente ao sexo masculino. A maioria das mulheres, e boa parte dos médicos não têm plena consciência desse risco". A fala dele resume tudo. Nosso ritmo de vida traz ameaças ao nosso coração, esse músculo que nos mantém pulsantes está nos mandando também outro recado. Acalme-se, respire, desacelere. É o alerta que nosso coração nos dá para olharmos para ele como deveríamos.

Nutrição. Corre-corre, falta de tempo para refeições, comida dentro do carro, em cima da mesa, muitas embalagens e pouca saúde em nossos pratos. Novamente trago a palavra de quem entende, com pistas para manter o corpo bem nutrido e preparado para nossas rotinas equilibristas.

Adriana Savoldi, nutricionista e *health coach*, comenta em seu Instagram[7]: *"Para cuidar do nosso corpo e da nossa energia com carinho e generosidade é preciso olhar para o nosso 'prato' de comida. Alimentos frescos, minimamente processados, lanches mais naturais (como frutas e castanhas), comida feita em casa e preparações simples. Comece devagar, aproveite e respire. Comer bem é uma forma de nutrir energia".* O conselho é simples, mas pouco praticado em nossa rotina atribulada, certo?

Claro que eu poderia me estender trazendo outras áreas de sofrimento do corpo, mas me concentrei naquelas mais visíveis em minha própria vida. Não por acaso, concluí em 2021 uma especialização no Sedes Sapientiae, na área de Psicologia Analítica integrada a uma perspectiva corporal. Busco cada vez mais trazer essa visão integrativa de corpo e mente para minha profissão e também para minha vida. Somos o todo, não apenas um nem o outro.

Especialmente na maternidade, nosso foco se dilui entre tantas tarefas que nos esquecemos do valor do nosso corpo para nos manter prontas para carregar e sustentar nossas vidas equilibristas. Sem ele, não somos nada. Não podemos dar carinho nem amor para nossos filhos. Não

---

[7]. @adrisnutri.

podemos correr de um lado para o outro. Não seremos competentes no trabalho. Nosso corpo pode nos limitar ou nos fazer avançar.

Nesta vida corrida, jogar a luz para nosso corpo pode parecer complicado, mas precisamos começar a prestar atenção nos sinais que ele nos dá e ir ajustando nossa rotina. Tudo é uma questão de planejamento, coisa que mães sabem fazer muito bem, pelo menos no que se refere aos filhos. O corpo nos diz muitas coisas, fala conosco todos os dias: basta querermos escutá-lo e, a partir disso, respeitá-lo, e a nós mesmas. Vamos juntas?

***

Mais Kairós e menos Chronos

Hoje nosso tempo é contado em segundos, não mais em horas. Precisamos desacelerar um pouco!

Já observaram como nas estações de metrô as pessoas estão correndo, como se estar atrasado fosse o estado permanente de todos? E quando enviamos uma mensagem de WhatsApp e quem a recebe sinaliza leitura (fica azulzinha), mas não responde em poucos minutos? E quando o *delivery* do Rappi demora mais do que 30/40 minutos para uma entrega? Hoje parece que o relógio anda mais rápido e nossa mente tem pressa. Aceleramos a velocidade do *audiobook* para ter uma leitura mais "dinâmica", colocamos potência máxima no micro-ondas para apressar o tempo de cozimento do arroz, ficamos impacientes se o tempo para abrir um *site* ultrapassa 10 segundos. Sim, hoje nosso tempo é contado em segundos, não mais em horas. Quem sabe em minutos em alguns casos de maior tolerância. O mundo digital apressou o mundo e fomos engolidos por ele. E bem rápido!

Se tal ritmo é o que dita nossa realidade hoje, ele também dita nossa relação com nossos filhos. Sem percebermos, podemos estar acelerando nossas demandas em relação a eles, nossas expectativas, nosso tempo juntos. Será que tem que ser assim mesmo? Será que a pressa é o que marcará nossa relação com nossos filhos? Será que é apenas o olhar no vir-a-ser que deve guiar o presente? Olhar para a frente sempre ou viver o agora, sem pressa?

Aproveito essa enxurrada de dúvidas para falar um pouco sobre algo que está em nós e que o digital ainda não conseguiu mudar. São nossos ciclos naturais, que operam em nossas vidas sem nem nos darmos conta deles. Ciclos alimentam nossa rotina. Onde há ciclos, há vida. Eles nos ajudam em nossa organização, a marcar o tempo, a superar fases, a conquistar outras. São fechamento e recomeço ao mesmo tempo. Na história, antes de Cristo, já surgiam os primeiros relatos de ciclos biológicos. Hipócrates, o médico grego considerado o pai da medicina, associava as doenças às estações do ano, mostrando como ciclos influenciam nossa forma de responder corporeamente a eventos externos. Da mesma forma, o também grego Archilocus, poeta, afirmou que os ritmos governam os homens, isso há 2.500 anos! Parece que a frase é manchete do jornal de hoje. Somos governados pelo ritmo ditado pelos segundos, mesmo que usar relógio esteja em desuso. Já internalizamos tal dinâmica e dispensamos o equipamento. A pressa independe do marcador do tempo.

Calma lá! Querendo ou não, somos regulados por três ciclos que organizam nossa vida de múltiplas formas. Temos os <u>ciclos infradianos</u>, que são espaços de tempo maiores que um dia, como, por exemplo, os ciclos da ovulação, da lua ou das marés; os <u>ciclos circadianos</u> que são aqueles que completam um giro uma vez ao dia e tendem a se sincronizar com a luminosidade, dia e noite, como, por exemplo, sono e vigília; e os <u>ciclos ultradianos</u>, aqueles mais curtos, que ciclam várias vezes ao dia, como nossos batimentos cardíacos. Regido pelo sistema nervoso autônomo, nosso corpo vive em tempos próprios, sem nosso controle direto. Não há como apressar, de forma natural, nossos ciclos. A vida pede tempo.

Será que estamos respeitando nossos ciclos? Tenho quase certeza de que a resposta será não. A consequência é um estado constante de estresse, como se estivéssemos forçando um ritmo não desejado por nossa natureza. O ritmo acelerado eleva nossos hormônios, levando-nos à fadiga, ao estresse e desgaste. Ficam recorrentes as falhas de desempenho, de memória, os dias em que estamos mais irritados. O corpo fala com o cansaço, a imunidade abaixa, o coração palpita, sentimos ansiedade e entramos em depressão.

Mesmo que nossas rotinas demandem pressa, será que nossos papéis de pai e mãe não pedem calma? Como uma vez ouvi o ex-ministro Henrique Meirelles dizer, "vamos devagar porque eu tenho pressa". A nobreza do papel que temos como pais não deveria entrar na paranoia do tempo. Parar, estar, ficar, esperar, deveriam ser verbos mais presentes do que correr, acelerar, adiantar. Ou, se voltarmos à mitologia grega, que tanto nos ensina, talvez seja a hora de voltarmos mais ao tempo de Kairós do que ao tempo de Chronos. Kairós era filho de Chronos, deus do tempo e das estações, e, ao contrário de seu pai, expressava uma ideia considerada metafórica do tempo, não linear. Kairós fala do momento certo, oportuno ou único, que pode estar presente dentro do espaço de um tempo físico, determinado por Chronos. Em suma, Kairós seria o período ideal para a realização de algo. Nem antes nem depois. Nem mais lento nem mais apressado, ideal apenas.

Talvez os tempos atuais tenham dado muito valor a Chronos, o tempo do relógio, e pouco espaço para Kairós nos guiar. Aliás, no plano religioso, Kairós é o tempo de Deus, algo que não pode ser medido, pois, de acordo com uma das passagens da Bíblia Cristã: "... *um dia para o Senhor é como mil anos, e mil anos como um dia*" (2 Pedro 3:8).

Que possamos saber viver os momentos únicos de nossas vidas, sem pressa. Nossos filhos merecem isso; nós também.

Mais Kairós e menos Chronos.

***

Mãe merece férias

É preciso sair por um tempo, sem filhos, desprender-se do dia a dia e das inúmeras responsabilidades que rondam a rotina da maternidade

Chega julho e uma certeza temos: as crianças entram em férias. Algumas viajam, outras ficam em casa, mas todas têm um tempo *off*, de desligamento da rotina, certo? E a mãe? Mãe pode e deve tirar férias!

Hoje me refiro a férias mesmo, sair por um tempo, sem filhos, desprender-se do dia a dia e das inúmeras responsabilidades que rondam a rotina da maternidade. O cuidado com os filhos, aliado a todos os outros afazeres relacionados à casa, gera um estresse, um cansaço. Isso é normal e natural. Mãe não pode se culpar porque está cansada. Mãe é gente também e precisa de descanso, parada, reflexão, tempo para si.

Essa parada não a faz ser uma mãe pior. Ao contrário, pode fazê-la até uma melhor mãe, uma vez que esse tempo de pausa a ajuda a voltar renovada, pronta para retomar a rotina. Aliás, é um ganha-ganha, já que essa parada é favorável a todos os lados, inclusive para os filhos. É bom os filhos saberem que a mãe também tem coisas dela, tem direito a um espaço privado, que mãe é gente, de carne e osso, e que se cansa.

Claro que a saída da mãe exige que tudo esteja bem-organizado para que os filhos fiquem bem. Não dá para simplesmente pegar a mala e partir em viagem. Mas, entre isso e não sair, há muito espaço.

Filhos não querem ter a mãe o tempo inteiro a seu lado. Mais importante para eles é terem a segurança de que a mãe vai e volta. Isso ajuda inclusive a fortalecer o sentido da mãe interna que eles desenvolvem como indivíduos em seu processo de crescimento.

Ser mãe não é padecer no paraíso! Isso seria pura impotência. Podemos ir para o paraíso e desfrutar dele. Por que não? Ser mãe é um papel relevante na vida de uma mulher, mas não o único. Os outros papéis também precisam ser nutridos para que essa mulher esteja em equilíbrio, inclusive para poder se dedicar bem à maternidade.

Sair de férias sozinha, com amigas, com marido, um dia, uma semana, muitos dias. Todas são formas de se reequilibrar, olhar para si para depois poder cuidar do outro. É um pouco clichê, mas só somos boas cuidadoras de outros se cuidarmos de nós mesmas. Lá vou eu de novo falar de culpa, mas o tema das férias da mãe faz a culpa vir à tona. Tirar férias porque precisamos desse tempo e espaço privados não é motivo para se culpar, não estamos fazendo nada de errado.

Então vamos aproveitar e curtir férias, nós merecemos!

✱✱✱

Achávamos que ficar em casa seria tranquilo

Para quem pensou que o isolamento seria monótono, ledo engano. O que não faltou foi o que fazer!

Durante a pandemia do coronavírus, depois de 45 dias em casa, em minha jornada do isolamento social – assim como ocorreu com muitas famílias –, registrei minhas impressões, que compartilho a seguir. Dias estes que alternei entre ansiedade, gratidão, cansaço, alívio, preguiça, energia e medo. Nossas vidas de equilibristas sofreram uma grande mudança. A fronteira casa-trabalho se foi. Vivemos a dualidade de forma integrada. Ficamos em *home office* ou em *"office home"*. Não sabemos mais onde começa uma coisa e onde termina a outra. Frequentes foram as vezes em que estávamos numa videoconferência e filhos apareceram sem cerimônia na tela, visíveis a todos. Se pai e mães estão "disponíveis", era natural que quisessem aproveitar essa oportunidade e estar pertinho.

Nossas casas, trabalhos e rotinas mudaram. Não há mais zonas de exclusividade. Em casa já parei reunião remota para atender a entrega do supermercado. Já intercalei a panela de pressão com feijão e a escrita de um texto. Faxinei toda a casa enquanto falava no viva-voz com a equipe do escritório. No meu Instagram, vejo tantas famílias se virando em mil para dar conta do equilibrismo.

Certo dia, um presidente de empresa chegou 20 minutos atrasado para nossa reunião virtual, onde já outras 5 pessoas o esperavam. Ao chegar, nos pediu desculpas explicando que ele e a esposa estavam se dividindo no cuidado do filho de 15 meses e suas atividades profissionais. Claro, foi perdoado imediatamente e seguimos para nossa reunião.

Ah, e ainda fomos inundados de *lives* sobre todos os temas, de *shows*, palestras, meditação, vendas, aulas *fitness*, culinária, tudo disponível, acessível e quase sempre gratuito. Ganhamos mais essa distração que, se por um lado ocupou nossas mentes e trouxe ideias renovadas, por outro deu até angústia pela quantidade, que nos afogou. Tinha-se a impressão de que havia muita coisa para ver, mas nem sempre tínhamos tempo. Enquanto isso, as *lives* iam rolando... Para quem achou que ficar em casa seria monótono, ledo engano. O que não faltou foi o que fazer.

Também nesses dias desenvolvemos novos hábitos, talentos potenciais que estavam escondidos. Eu, por exemplo, virei "BFF" da Rita Lobo. Fazendo suas receitas, me senti íntima dela e do Panelinha.

Meu marido, que adora doce de abóbora, aprendeu a fazer seu próprio doce e o ostenta em potes enfeitados, orgulhoso. Vê-lo intercalar mexidas na panela com paradas para trabalhar no computador era engraçado. Cozinha e escritório, antes distantes, tornaram-se vizinhos.

Meu filho, que não mora mais conosco, mas que esteve fazendo uma temporada em casa nesse período, aprendeu a fazer um café maravilhoso e nos presenteava à tarde com uma xícara quentinha acompanhada de chocolatinhos. Minha mãe, que também estava conosco nessa fase, testou várias receitas de pão enquanto alternava com seus atendimentos como psicanalista.

Minha cunhada aprimorou seus conhecimentos digitais, como forma de sobrevivência neste período. Enfim, como há muito disse Darwin, não só os mais inteligentes e nem apenas os mais fortes sobrevivem, mas os adaptados.

Adaptação foi a palavra da quarentena. Bastava acompanhar grupos WhatsApp como bons exemplos de adaptação, trocando dicas de tudo: brincadeiras para se fazer com as crianças em casa, exposições virtuais, flores on-line e listas variadas de entregas em domicílio.

Criou-se uma vasta rede de solidariedade como não me lembro de ter visto antes. Afinal, não foi um grupo isolado dos atingidos que precisou de ajuda. Todos nós estávamos no mesmo barco. A tempestade atingiu a todos, a Covid-19 não escolhia classe, sexo, idade. Foi como mais uma *live* em nossa vida, o vírus insistindo em se manter no ar.

Netflix, HBO Go, Globosat Play, Amazon Prime, CNN, CBN, Spotify... se antes já estavam em nossas vidas, se transformaram em essenciais. Aliás, o número de assinantes crescente é a prova disso. Estreias de séries, reprises de jogos ou desenhos infantis se alternaram em nossas telas, roubando mais um pedaço de nosso já escasso tempo. Lembrem-se, achávamos que ficar em casa seria tranquilo...

A vida em *live mode* teve seus *"on's* e *off's"*, seus altos e baixos. Se por um lado estávamos sofrendo e angustiados, também tivemos a chance de nos conhecermos mais, nos desafiarmos mais e nos unirmos ainda mais como famílias. Que tenhamos sabedoria para usar esse tempo para crescermos e sairmos dele melhores: melhores equilibristas, melhores pessoas.

***

Entre Héstia e Hermes

O período de isolamento provocado pela pandemia criou novos conflitos. Se antes estávamos muitos desconectados da família, passamos a ficar o dia todo em casa

Nossa quarentena, que todos achávamos que duraria 40 dias, ultrapassou 400. Deixamos de contar os dias em que estivemos ameaçados e amedrontados por esse vírus maluco. Mas, sem dúvidas, contamos os inúmeros aprendizados que tiramos de tudo isso. Temos muitas histórias para contar. Para mim, um dos aprendizados mais marcantes tem a ver com a ideia de equilíbrio.

Embora eu seja quem fala da vida de equilibrista, sinceramente, acho que nossas vidas estavam bastante desequilibradas antes da pandemia. Se olharmos por esse ângulo, é como se o vírus tivesse vindo para nos alertar de que algo muito errado estava em curso. Tínhamos pratinhos demais para lidar e tempo de menos. Estávamos fora de casa demais, dentro de casa de menos. Era trabalho demais, descanso de menos.

Agitação demais, tranquilidade de menos. Era como se estivéssemos vivendo no limite da polaridade da vida corrida, do tempo escasso, do mundo em que o ritmo digital guia nossa biologia. O vírus veio para nos forçar a parar. Afortunados são os que aproveitaram essa "parada" para refletir sobre a vida que querem ter.

A situação de desequilíbrio que vivemos me faz pensar em dois deuses gregos, na verdade, uma deusa e um deus. De um lado, temos **Héstia**, a deusa do fogo, do lar, da proteção. Ela representa o fogo que esquenta, que acolhe, que protege. Héstia aponta para o espaço de dentro de casa, para os momentos mais íntimos e calorosos. Do outro lado, **Hermes**, o mais eloquente e dinâmico dos deuses gregos. Tem a função de mensageiro, anda de um lado para o outro, está sempre do lado de fora, "batendo perna", como diríamos hoje. Com suas botas aladas, promovia as trocas no Olimpo.

Trazendo Héstia e Hermes para o momento em que vivemos, é como se cada um deles representasse uma polaridade de nossas vidas, o fogo de dentro de casa, as asas da vida que correm do lado de fora. Cada um com seu espaço, complementares de certa forma, mas separados. Eles se equilibram, cada um puxando para um lado.

Héstia é o lado *home*, Hermes o lado *office*. De certa forma, um compensa o outro, cada um com sua função e espaço. Mas o ponto é que, com a pandemia, vivemos o *home office*, uma só palavra, ambientes interligados, simbióticos até. É como se Héstia e Hermes não mais ocupassem espaços diferentes. Hermes veio apressado e invadiu o lar quentinho de Héstia. A agitação e o movimento de Hermes vieram balançar a vida caseira de Héstia. Héstia e Hermes passam a morar juntos. E como fica o equilíbrio?

Se antes estávamos desequilibrados por estarmos exageradamente polarizados, passamos a ficar desequilibrados porque aproximamos demais esses mundos. Nós e nossos filhos misturados a reuniões do Zoom. Fraldas sobre *notebooks*. No WhatsApp chegavam juntos receitas, boletins da escola e relatórios da empresa. A mesa de jantar passou a ser também a mesa de escritório. A lição de casa seguia lado a lado com o cronograma do projeto da empresa.

Home office bagunça, ao mesmo tempo, o *home* e o *office*. Causa conflito entre Héstia e Hermes.

Será que não seguimos desequilibrados, apenas de outra forma? Talvez precisemos chamar outros deuses para nos ajudar, quem sabe Nêmesis, a deusa do equilíbrio...

Entre Zooms e pratinhos

Depois de tantos obstáculos superados, podemos dizer que passamos por um MBA de gerenciamento de crise. E todos merecemos o diploma

Se a vida das mães e pais que trabalham e conciliam carreira com a rotina dos filhos já era complicada, com a pandemia de Covid-19 alcançou níveis inimagináveis. Ninguém supunha que o caos poderia aumentar.

Apenas sei que nesse período em que vivemos com a ameaça do vírus, aprendemos como se nos dedicássemos a um MBA de gerenciamento de crise.

Como trabalhar com um filho de 13 meses que recém começou a andar? Como apoiar a filha na matemática quando a aula dela coincide com a reunião da diretoria? Como preparar o almoço e garantir que você estará apresentável no Zoom que acontece logo na sequência? Como atender o interfone que toca com o pedido do Rappi bem na hora em que você está fazendo uma videorreunião importante? Como gerenciar a rotina e a disputa de espaço dentro de casa para conseguir um cantinho silencioso para uma *call*? Esses poderiam ser temas cobertos nesse MBA forçado pelo qual todos nós, pais e mães, passamos. Ao final, merecemos um diploma e, principalmente, um tempo de férias!

Quem achou que trabalharia menos por estar em casa foi surpreendido com o excesso de reuniões virtuais, uma emendando na outra sem nem tempo para um respiro. Se antes já fazíamos xixi de porta aberta por causa dos filhos, começamos a fazer xixi com o *notebook* no colo, participando da reunião e, se tudo desse certo, nos lembrávamos de desligar a câmera antes de entrar no banheiro.

Nesse período vivi e vi de tudo nessa mistureba de Zooms e pratinhos que temos que equilibrar. Reunião sendo interrompida porque a filha puxou todos os fios do computador e apagou tudo; cenas da funcionária da casa passando de um lado para outro, bem visível na câmera, com baldes de roupa suja; crianças chorando e pedindo a atenção, pais e mães com cara de sem graça, desculpando-se por algo que não deveria acontecer no ambiente profissional. Ou será o contrário, a reunião de trabalho que não deveria invadir o espaço da casa?

O fato é que nesse período deixaram de existir lugares isolados. A mesa da cozinha virou sala de reunião, o banheiro virou a salinha para uma chamada rápida e a bicicleta estacionária, um perfeito assento para palestras ou encontros em que você está apenas como ouvinte, sem ligar a câmera, claro. E ao lado de cada um desses espaços havia *playground* na varanda, cabana no quarto e piquenique no escritório. Todos juntos e misturados, pais e filhos, casa e trabalho.

A verdade é que, cada vez mais, vida profissional e pessoal ficaram indissociáveis, deixando a administração do tempo mais complexa e a medida do equilíbrio ainda mais difícil de estabelecer do que antes. Essa vida dupla exige de nós quase que uma reengenharia, uma revisão das nossas prioridades caso a caso, e o enfrentamento dos problemas conforme eles se apresentam. É respirar fundo e tentar manter a calma, sem se desesperar, encontrando soluções que servem a cada família. E lembrar que vale a pena pedir ajuda, sempre que necessário.

Equilibrismo *on* e *off*

Como conciliar as ferramentas tecnológicas com um estilo de vida calmo e tranquilo

A tecnologia é parte fundamental de nossas histórias como mães. Bem me lembro quando fui mãe de Beatriz e Gabriel, antes que a internet existisse. Hoje me pergunto: como consegui? O movimento feminista expandiu os limites das mulheres, mas internet, *e-mail*, telefonia móvel, *notebooks*, *Ipads* e afins nos colocaram num mundo ainda mais sem fronteiras. *Offline* e on-line são uma coisa só e hoje estamos em todos os lugares ao mesmo tempo. Trabalhamos de casa, em esquema *home office* e cuidamos de assuntos domésticos, mesmo que por WhatsApp, quando estamos no trabalho. Somos equilibristas sem fronteiras na era digital, com um acesso infinito e 24 horas à informação. A vida digital ressignificou o sentido do *multitasking*. Hoje, somos multi de verdade e equilibramos muitos pratinhos.

Pesquisamos doenças de nossos filhos via Google e enviamos *e-mail* para clientes enquanto estamos nos exercitando na esteira. Enviamos mensagem de texto para babás perguntando se o filho comeu bem. Aguardamos nossos filhos na aula de natação enquanto checamos *e-mails*, preparamos orçamentos ou falamos com clientes. Parte do meu segundo livro foi escrito em salas de espera de médicos e enquanto meu filho cortava o cabelo, tudo feito via *notebook* e salvo na nuvem.

O sentido de dia útil ganhou novos ares. Na vida digital, todos os segundos são úteis para uma equilibrista. Gravamos programas na TV para não perder o último episódio de uma série, reservamos a entrada do filme usando o aplicativo do cinema e organizamos a agenda dos filhos via Google Calendar. Marcamos encontro com amigas via Facebook e confirmamos a reunião com o cliente pelo Hangout.

A contrapartida de tudo isso é a sensação que temos de que a vida de equilibrista é elástica e que sempre dá para achar uma saída. Em parte, é verdade. Fazemos coisas que nos parecem impossíveis e ficamos nos sentindo poderosas com cada conquista. Acreditamos sempre que vai dar tempo, vai dar certo, sempre há um jeito, por internet, telefone, pela nuvem... Afinal, o mundo digital não tem fronteiras, certo?

Falta apenas um detalhe neste quebra-cabeças, uma peça da qual muitas vezes acabamos nos esquecendo nessa maratona digital. Nós, humanos, mães e pais, temos limites. Precisamos ficar *off* algumas vezes e não alimentarmos a ilusão que podemos ficar *on* o tempo todo. Se hoje podemos ter a liberdade que queremos, precisamos estar atentos para não ficarmos escravos da tecnologia, deixando-a ditar o ritmo de nossas vidas.

O bom da vida digital é saber usar, com sabedoria, o *on* e *off*. É poder curtir uma praia, ouvir o mar e deixar o celular no criado-mudo, longe de nós por algumas horas. É sair numa sexta do trabalho e ligar o computador apenas na segunda pela manhã.

É resistir à tentação de ver todos os *updates* do Facebook e Instagram e estar cara a cara com os amigos. É lembrar que existe vida além do *on*, coisa de que muitas vezes nos esquecemos. E num outro momento, acelerar no *on*, nos lambuzando com todos os *gadgets* e possibilidades que Steve Jobs, Bill Gates e outros iluminados criaram.

É poder curtir a vida, se conectando com as pessoas, no *on* e no *off*, no *high-tech* virtual ou no *high-touch* olho no olho. É lembrar que a vida digital não matou o colorido da vida *off* e que a beleza da vida de equilibrista está na inteligente combinação de ambos, *on* e *off,* cada um a seu tempo, cada um no seu ritmo.

***

24 horas, 7 dias da semana: prioridades na rotina equilibrista

As atividades relacionadas aos filhos tomam ainda a maior parte do tempo das mães quando não estão no trabalho. O sonho do pai participativo ainda me parece um tanto distante

Nossa rotina de equilibristas é marcada pelas prioridades. Falo sobre isso desde o meu primeiro livro, em 2007, e sei que nessa seara pouca coisa mudou. Aliás, é mais fácil mudar o nosso ponto de vista ou a nossa percepção sobre o que de fato priorizar ou como fazê-lo do que fugir de uma certeza: priorizar é questão de sobrevivência.

Para alcançar postos altos na cultura corporativa, não dá para esperar o filho na porta de casa quando chega o ônibus da escola. Você pode ser vice-presidente ou mãe do ano, mas não ambos! Então, resgato um dos meus mantras: não é possível tirar dez em tudo... é preciso se contentar com menos.

O que costuma ser difícil é viver esse dia a dia sem conviver com o fantasma da culpa. Seja porque a sociedade ainda vê com maus olhos essa mãe que prioriza o trabalho ou porque nós mesmas nos questionamos: será que nossos filhos irão nos culpar por não os colocarmos em primeiro lugar? E dá para dormir tranquila sob essa acusação?

Calma! Colocar os filhos em primeiro lugar é uma característica das brasileiras e está cada vez mais forte. Digo isso porque na pesquisa que repeti com as equilibristas em 2019 essa nota só aumentou.

Diante da questão sobre a importância atribuída a cada um dos personagens/atividades ou papéis, ela deveria ranquear cinco opções: filhos, marido, trabalho, ela mesma, cuidados com a casa.

Em 2019, os filhos foram considerados de importância quase máxima (9,3), ela mesma e o marido ficaram com 3,9 de nota; o trabalho ganhou apenas 3,7 e a casa, meros 2,1. Se essa for a fórmula de prioridades que funciona para as mulheres brasileiras, elas não ambicionam mesmo ser vice-presidentes da empresa, mas dão todo o valor a ver os filhos felizes.

Diante da realidade do mercado de trabalho – que é sustento, mas também realização –, parecem procurar um caminho do meio, fazendo malabarismos para garantir a qualidade de vida e nem por isso serem alvo de acusações de todo lado (acho que a reflexão vale também para os homens, que igualmente procuram estar mais presentes na família, ao contrário da geração dos nossos avós). O desafio dos dias de hoje é: como dividir bem suas 24 horas entre dedicação profissional e cuidados com os filhos, a casa e o parceiro?

Ao olharmos o que mudou no uso do tempo nesse intervalo de 12 anos (veja a tabela abaixo), é fácil observar que caem as horas dedicadas aos filhos, assim como as horas para si mesma, para a casa durante a semana, para o marido.

TEMPO DO DIA	DIA DE SEMANA (HORAS)		FIM DE SEMANA (HORAS)	
	2007	2019	2007	2019
Atividades em que está com o(s) filho(os)	4,6	3,9	9,3	6,0
Rotinas da casa	1,8	2,0	2,6	2,8
Para o marido	1,5	1,8	3,0	3,1
Para ela mesma	1,2	0,7	2,0	1,4

Afinal, o que pode estar acontecendo para termos tantas horas roubadas? Talvez aquilo que deveria vir para nos ajudar esteja sabotando nosso tempo! Será que devemos nos perguntar quantas horas por dia ficamos cara a cara com nossos *smartphones*? Ou vendo séries no Netflix? Ou quantas mensagens enviamos para todos os cantos do mundo via WhatsApp? Suspeito que a tecnologia e o mundo virtual estejam roubando as horas das pessoas reais. Vale pensar nisso!

Na parcela 'vida pessoal' da atribulada agenda da mulher moderna, o cuidado com os filhos ainda supera todas as outras atividades em número de horas. O tempo dedicado a si está em último lugar na distribuição de tarefas. Quando se analisam as horas que envolvem toda a organização e logística em relação às crianças, tanto na pesquisa original como na de 2019, se nota que a mãe vence sempre a competição. O pai, os avós, a empregada ou a babá têm muito menos presença, seja na hora de acordar, de preparar o café da manhã, levar e buscar na escola, ir a reuniões de pais, almoçar ou jantar, dar banho ou colocar para dormir!

O gerenciamento de tantas frentes, somado à atividade profissional, sem dúvida cobra um preço físico e emocional. Apesar de trabalhar fora, a mãe é soberana em todas as atividades relacionadas aos filhos. A onipresença é o que caracteriza essa mãe e a sensação de ser uma "supermulher" se confirma. Por conta das novas leis trabalhistas, em 2019, babás e empregadas perderam seu espaço, principalmente em atividades do final do dia ou início da noite – o que sobrecarregou as mães.

Infelizmente, seguimos constatando a ausência ou a pouca divisão de tarefas por parte dos pais. Eles ficam muito atrás das mães em todas as atividades (basta espiar a tabela). Apesar de ter aumentado sua colaboração em algumas tarefas, como o leva e traz da escola e a presença em reuniões e atividades escolares, o pai realmente participativo, do qual tanto se fala, ainda é um sonho das mulheres.

Nada na rotina real confirma esse empenho dos homens em partilhar com a mãe o dia a dia das crianças. Até mesmo durante o jantar, que teoricamente teria a presença de ambos os pais em casa, eles estão ausentes. Mas quem sabe as novas gerações consigam reequilibrar esse compromisso e dividir melhor as tarefas relacionadas com os filhos.

Sou otimista e não consigo perder as esperanças. Mas quanto tempo levará para esse comportamento mudar é uma incógnita para mim.

***

#QuemNunca

Divido com vocês algumas situações sobre mulheres que equilibram família e trabalho

Uma das belezas da maternidade é sabermos que nas coisas mais inéditas, estapafúrdias e inimagináveis, quase sempre há uma outra mãe que já passou pela mesma situação. É nesse sentido que a expressão que hoje virou popular e até *hashtag* – #quemnunca – é absolutamente pertinente para falar de nossas vidas de equilibristas.

Dei-me conta disso ao reler um pequeno livro americano, *1001 things it means to be a mom*, escrito por Harry H. Harrison Jr, um homem! Observando e entrevistando várias mulheres, ele criou uma lista das mil e uma coisas que as mães vivem, sejam boas ou ruins. Mas o que permeia todas elas são situações que mães entenderão, afinal, quem nunca... Divido com vocês algumas dessas situações trazidas no livro e outras de minha própria vivência ou observação de outras mães sobre como equilibram família e trabalho.

1. Quem nunca explicou o que alguns anos em branco no seu currículo significam?
2. Quem nunca esteve preocupada se ainda é a pessoa mais importante para seu filho/a depois que você volta ao trabalho após a licença-maternidade?
3. Quem nunca torceu para que seu/sua chefe seja também pai ou mãe, afinal, pais/mães se entendem?
4. Quem nunca teve foto dos filhos no porta-retrato em cima da mesa ou no descanso de tela do computador do trabalho?
5. Quem nunca achou que o filho/a vai começar a falar ou andar no exato momento em que você está fora de casa trabalhando?

6. Quem nunca achou natural responder a *e-mails*, falar ao telefone e empurrar o carrinho do bebê – tudo ao mesmo tempo?
7. Quem nunca acordou no meio da noite lembrando com a mesma intensidade sobre sua apresentação na empresa e sobre a prova de matemática do filho/a?
8. Quem nunca abriu espaço na agenda de trabalho, numa quarta-feira às 3 da tarde, para ir à apresentação de teatro do filho/a?
9. Quem nunca ficou agradecida pela sala de espera do pediatra ter wi-fi aberto para responder a *e-mails* do trabalho?
10. Quem nunca abafou o som do telefone com a mão para o choro do bebê não ser notado quando você está fechando um negócio ao telefone, no dia do *home office*?

Entre essas 10 situações, algumas são divertidas, outras nem tanto. Mas, de todo jeito, quem nunca...

***

Agosto, uma nova chance

Transformando o mês do desgosto num período que pode renovar nossas esperanças

Escrevi este texto originalmente para ser publicado em agosto, mas acredito que as reflexões que propus são válidas independentemente do mês e servem para encarar qualquer período visto como complicado.

Agosto, mês de muitas datas marcantes no Brasil, é carregado também de muitas superstições. Foi em agosto que Getúlio Vargas se suicidou. Agosto é o mês de "pendura" para os advogados, pois no dia

11, data em que é celebrado o dia dos advogados, eles costumam ir a restaurantes e saem sem pagar. Agosto é mês do cachorro louco. Há os que falam também que agosto é o mês do azar e do desgosto, crença que vem desde a Idade Média e ainda nos persegue hoje, mesmo na era digital.

Para mim agosto é um mês feliz, mês do aniversário do meu filho Gabriel. Talvez por isso encare o mês com olhos muito positivos.

Agosto também é o mês do recomeço, dos novos ares. Embora não seja oficialmente o mês que marca a chegada do segundo semestre, de maneira informal ele acaba assumindo esse papel. Entramos em agosto com cinco meses pela frente, na esperança de que o que ficou pendente possa sair do papel antes do fim do ano.

Agosto é o mês de uma segunda chance para todos nós, uma revisão de planos, um "correr atrás do prejuízo". Voltam as aulas, nova página na agenda, novos ares para serem respirados, uma boa desculpa para usarmos os meses restantes do ano com sabedoria.

Com esse olhar positivo sobre agosto fico pensando que "novos ares" podemos dar às nossas vidas de equilibrista para que ele efetivamente possa mudar sua imagem de mês do desgosto para o mês da esperança. A esperança de revisar, planejar, consertar, fazer diferente.

Uma nova chance para agosto e uma nova chance para nós mesmas. O semestre ainda pode ser diferente!

Imbuída de fazer de agosto um mês de possibilidades, sugiro aqui quatro dicas que me ajudaram a olhar para esse recomeço com um sentido prático. Afinal, se nada fizermos para mudar, agosto seguirá carregando seu estigma de azarado.

1. **Olhe para trás.** Analisando os meses que passaram, o que aconteceu de janeiro a julho que merece ser revisto? O que deu certo? O que deu errado? Essa revisão e parada para reflexão é fundamental para estabelecer novas metas.

2. **Estabeleça metas possíveis.** Bom, se chegou à conclusão de que vários ajustes merecem ser feitos, crie metas e planos que são, de fato, realizáveis. É melhor limitar o número de mudanças e ter a certeza de que irá conseguir cumpri-las. Escreva suas metas no papel.
3. **Trace seu plano de ação.** Dizem que brasileiros são muito bons de iniciativas, mas ruins de "acabativas". Ou seja, planejamos bem, mas executamos mal (e às vezes nem executamos). Sem plano de ação, por exemplo, aquela vontade de voltar a ter o corpo em forma ficará no plano dos ideais e não se concretizará. Planeje o passo a passo e o que precisa fazer para chegar lá.
4. **Revisite e ajuste.** Todo plano pede acompanhamento para ver se, de fato, está sendo praticado. Mês a mês precisamos fazer essa pausa e checar se estamos no caminho certo. Se sim, ótimo, seguimos em frente. Se não, o que faltou? O que preciso fazer ou ajustar?

Fica aí o convite para todas nós usarmos com sabedoria o mês (qualquer que seja ele), tirar planos do papel e fazer dele um momento de vitória. No caso dos agostos, eu já começo bem, celebrando a vida do meu filho! Em outras datas que nos pareçam complicadas, cada um pode encontrar seus estímulos e motivações.

***

Quatro formas de não surtar no fim de ano

A gente sabe: tem evento, crianças de férias, organização do Natal, planejamento da viagem... Calma, tudo vai dar certo!

Na época do Natal, todos estão na maior correria. Nem imaginávamos que daria para correr ainda mais, já estávamos na carga máxima, ou pelo menos era o que achávamos. Engano!

Ficamos mais apertadas de agenda, que tem mais eventos, formaturas e festas da empresa, incluindo compra de presentes, planejamento de férias, revisão das contas para as inúmeras despesas que virão em janeiro. Sem falar no trânsito que seria impossível imaginar pior, mas nas grandes cidades a experiência mostra que dá, sim, para piorar.

Somam-se a isso as entregas no trabalho, a rotina dos filhos mais bagunçada pelo início das férias e a casa que segue no seu ritmo normal, mesmo em dezembro, com supermercado, arrumação e por aí vai.

Pouco adianta falar que deveríamos ter começado a nos organizar antes. A cada ano a situação se repete e resta-nos ver o que podemos fazer para ter um Natal equilibrista sem tanto equilibrismo.

Em primeiro lugar: respire e se acalme! Como diz a música de Bob Marley, *"Everything is going to be alright",* ou seja, tudo dará certo!

Nesse corre-corre, já que não temos como alargar as horas nem atrasar a chegada do Papai Noel, fiquei pensando o que podemos fazer para não ficar de cabelo em pé e conseguir de verdade que as coisas corram como Bob Marley profetiza.

Sem pretender ensinar nada a vocês, compartilho aqui quatro ideias para gerenciarmos melhor nosso tempo, que é a única coisa que está sob nosso controle. Vamos lá:

1. **Use a tecnologia a seu favor:** para que ir à loja de brinquedos se você já sabe o brinquedo que seu filho quer? Compre pela internet! Dá para pesquisar, comparar e ainda vem embrulhado! Sim, nem todos os produtos dão segurança de comprar pela internet. Se é assim, faça o raciocínio ao contrário. Escolha produtos para presentear a família que sejam bons de se comprar on-line.

2. **Divida responsabilidades:** não queira carregar tudo em suas costas – peça ajuda! Se o Natal for em sua casa, converse com os

convidados para alinhar o que cada um vai trazer para a ceia ou o almoço. E pensem em coisas simples de preparar. Precisamos nos lembrar de que essa data é uma boa oportunidade para estarmos com a família. Há muitas formas de termos uma comida gostosa sem precisarmos de horas na cozinha, ou de ingredientes que exigem ir a vários lugares para achar etc.

3. **Decoração na medida:** uma das coisas que mais facilita é usar coisas que já tenhamos de anos anteriores, assim se evita comprar tudo de novo. E aqui também vale a regra da simplicidade: uma decoração bacana não significa ficar horas fazendo laços. Seja simples e objetiva. Aliás, uma excelente ideia é envolver os filhos nessa atividade. Eles adoram confeccionar enfeites, desenhar painéis para a porta e criar objetos para enfeitar a mesa. Fica personalizado, simples, barato e se torna um momento único para a família.

4. **Listinha e não listona**: muitas pessoas fazem listas de Natal. Aquele papelzinho (ou no *smartphone*) onde vão anotando tudo o que vão ter que fazer. Atenha-se à lista e não vá agregando novos itens todos os dias. Faça um bom planejamento: isso já ajuda muito.

Acima de tudo, devemos nos lembrar que o Natal é um momento especial do ano, principalmente para aqueles que celebram o seu significado verdadeiro.

Com certeza, o estresse não combina com espírito natalino e precisamos dar um jeito de não deixá-lo estragar essa data. Aproveitem a família, agradeçam o momento e curtam.

E lembrem-se, *everything is going to be alright*!

***

Lá vem o Ano Novo, de novo

A cada ano que se inicia, é hora de avaliar o que vivemos em família no ano que passou e planejar o que virá pela frente. Proponho um jeito mais criativo de fazer esse balanço

Começo de ano é o típico momento do "balanço". É hora de fazer uma análise do ano que passou e pensar em planos para o que se inicia. É quase automática essa revisão pessoal: o que de bom aconteceu no ano que se encerrou? Quais são os planos para o ano que começa? Como mães e pais, é natural que esse "ajuste de contas" e planejamento envolva nossas vidas com nossos filhos. O que faríamos igual? O que faríamos diferente? Mesmo achando que não existe uma "fórmula" para esse balanço, me atrevo a propor alguns temas para reflexão que podem ser úteis. Queria sugerir uma forma de torná-lo mais divertido.

É natural pensar primeiro no que vem à frente, mas proponho começar olhando para trás. Assim, cinco dos temas para refletirmos pedem que olhemos para o ano que se encerrou e outros cinco falam de planos para o ano que começa. Vale investirmos um tempo refletindo sobre cada um deles, pensando em nossos papéis de pai e mãe.

5 temas olhando para trás

1. Um orgulho: o que deixou você orgulhoso/a como pai ou como mãe no ano que passou?
2. Uma tristeza: o que entristeceu você como pai ou como mãe?
3. Um sorriso: qual foi seu sorriso mais gostoso do ano, como pai/como mãe?
4. Um arrependimento: teria feito algo de outra forma?
5. Uma vitória: sua maior conquista como pai ou como mãe.

5 temas olhando para frente
1. Um ajuste: o que gostaria de fazer diferente?
2. Uma meta: o que irá buscar neste ano, o que quer alcançar?
3. Um sonho: o que gostaria de fazer, ser ou ter, algum sonho como pai ou mãe?
4. Uma novidade: algo novo, inédito, uma nova experiência da paternidade/maternidade?
5. Um desafio: algo que motive você e exija um esforço extra?

Minha sugestão é que guardemos um tempinho para esse balanço que, embora repetitivo, tem uma função importante em nossas vidas: de ajuste, retomada, recomeço.

Fazer essa reflexão em família também pode ser bastante rico e uma boa oportunidade para dividirmos nossas experiências e projetos de futuro. Vale até anotar os principais temas e "respostas". Certamente, será bem divertido revisitar a lista no fim do ano e ver o que cumprimos e onde ficamos devendo.

E que cada novo ano seja feliz para todos!

***

To-do-list: **20 metas para um novo ano**

Vale revisar a lista de tempos em tempos e adaptá-la

Adoro listas de coisas, principalmente quando é uma lista de *to do* e consigo ir ticando os itens ao longo do tempo que me propus a cumpri-los. Experimento uma sensação enorme de conquista quando risco um deles. Aliás, se for no papel, é ainda melhor. Listas digitais não dão essa mesma sensação de realização. Bom, já que sou apegada a listas, resolvi pensar em 20 coisas que valem a pena serem feitas ou consideradas de alguma forma em cada início de ano.

Na verdade, pensei em alternativas que possam deixar nossa vida de equilibrista, nessa nem sempre fácil missão de conciliar família e trabalho, mais suave e mais rica, para nós e para os que estão ao nosso lado. Fiz cada item da lista bem enxuto e prático. Use-a como uma referência apenas, e não como um guia fechado, afinal cada uma de nós tem prioridades, dificuldades e necessidades distintas. Revise os itens e ajuste-os à sua realidade. É isso, vamos à lista que faria sentido para mim: 20 metas para o ano novo!

1. Culpe-se menos.
2. Não se ache uma supermulher. Ser mulher já é super.
3. Planeje-se mais.
4. Respire mais.
5. Saiba delegar.
6. Divida mais.
7. Exercite-se mais.
8. Menos celular.
9. Mais cara a cara.
10. Mais ar livre.
11. Divirta-se mais.
12. Agradeça mais.
13. Cobre menos.
14. Cuide-se mais.
15. Curta mais os momentos.

16. Corra menos.

17. Respeite-se mais.

18. Namore mais.

19. Escolha mais.

20. Viva mais.

De tempos em tempos, reveja a lista, ajuste-a, veja o quanto está conseguindo cumpri-la. No meu caso, tentarei começar com o item 1 da lista: não à toa é o tema que encabeça os 20 pontos. Fora isso, espero que você tenha sempre muito, muito mais do que 20 motivos para celebrar a cada virada de ano!

***

Vírus vão, vínculos ficam

Nossas relações familiares seguem, e na pandemia mais do que nunca isso foi verdade. Vamos nessa juntos!

Se pensávamos que nossas vidas de equilibristas já estavam na capacidade máxima, nunca imaginaríamos que, na pandemia de Covid-19, iríamos ter que dobrar o número de pratinhos.

Além dos habituais, agregamos: compra de álcool em gel, crianças em tempo integral em casa, ajustes de tecnologia para operar em *home office* (quando possível), manter pais e sogros seguros e fechados em suas casas, criação de novas brincadeiras e passatempos para o ambiente fechado a fim de entreter as crianças, faxinar a casa (para as que podiam, essa tarefa era delegada a funcionárias), lavar todos os produtos que chegam do supermercado... Enfim, o vírus trouxe com ele muitos novos pratinhos não previstos em nossas planilhas.

Nosso vocabulário também cresceu, em português e em inglês. Palavras como Lysoform, isolamento social, hidroxicloroquina, respirador, *lockdown*, vetor, Covid-19, quarentena, EPI, transmissão comunitária, entre outras, viraram voz corrente...

Novos itens de proteção povoaram nosso dia a dia e invadiram nossas casas: álcool em gel, bactericidas de todas as cores e aromas, máscaras, luvas descartáveis...

Mais todos os recursos tecnológicos, do popular e já amado Whatsapp às plataformas Zoom, Google Hangout, Microsoft Teams, Facetime, além de Loggi, Rappi, e todos os tipos de *delivery*.

Ah, sem falar na "viagem" que fizemos e cidades que entraram em nosso radar: Bergamo (Itália) e Wuhan (China), para trazer as mais faladas. E por fim reaprendemos vários hábitos: como lavar as mãos corretamente e como educadamente espirrar protegendo pessoas à volta usando o cotovelo.

Sim, a vida de equilibrista ficou diferente. Mas, diante de tantas mudanças, vale também refletirmos sobre aquilo que não muda. Para mim, com ou sem vírus, pelo menos dois temas permanecem e são a base de tudo que discuto: família e trabalho.

Nossas relações familiares seguem, mais do que nunca. Se antes já era importante cuidarmos uns dos outros, isso ganhou um valor ainda mais especial. Afinal, o que ficará quando tudo isso passar serão os vínculos que temos. Cabe a nós cuidarmos deles, e não só dos vírus.

Ganhamos nesta crise uma nova chance de olharmos para nossos filhos, nossos pais, nossos amigos. Vamos aproveitá-la.

Nosso trabalho segue e precisa mesmo seguir. Para que os pratinhos permaneçam em movimento precisamos do combustível que vem do trabalho. Não apenas pelos recursos que gera e que pagam nossas contas, mas também pela sanidade que aporta.

Afinal, trabalhar é fonte de crescimento, aprendizados e evolução. Como diz o ditado, "cabeça vazia é oficina do diabo". Vamos tratar de ocupar nossa "oficina". Ajuda a mente e a economia.

Desejo que passemos por essa fase com o menor estrago possível sobre a vida de milhares de pessoas. E que possamos sair dessa mais fortes, mais unidos, mais equilibristas.

CAPÍTULO 3

SENTIMENTOS QUE TRANSBORDAM

A sensação de estarmos nos dividindo entre filhos e carreira chega carregada de culpa e nos provoca questionamentos. A qualidade do tempo que dedicamos a cada lado, nossas artimanhas para desdobrar cada minuto, os excessos de zelo e de controle, tudo gera alegrias, angústias e inseguranças. O desafio é saber manter o diálogo e aprender a pedir ajuda.

Entre ausência e falta

Culpa, culpa, culpa. Esse sentimento nos persegue e parece que, quando trabalhamos fora de casa, atinge níveis ainda mais elevados

> Não tenho palavras para dizer o quanto sua fala me acalmou. Tenho três filhos, sou nova e trabalho bastante, fiquei aliviada com o que você falou, me sinto muito culpada em não estar mais perto dos meus filhos.

Ouvi a emotiva frase acima de uma jovem mãe mato-grossense, após uma palestra que fiz no município de Sinop (MT). Durante minha fala, citei uma frase que gosto muito, dita pelo pediatra dr. Leonardo Posternak: *"A falta de mãe é prejudicial. O excesso intoxica."*

Como é bom ter a sapiência e a experiência de ter lidado com milhares de mães culpadas ao longo da carreira! Venho repetindo essa "simples" frase do dr. Posternak e sinto que ela tem um poder calmante enorme sobre as mães que se sentem culpadas pelas horas, nem sempre extensas, que passam com os filhos por conta de suas vidas de equilibristas.

Culpa, culpa, culpa. Esse bicho nos persegue e parece que, quando trabalhamos fora de casa, esse sentimento atinge níveis ainda mais elevados. Nos culpamos pela ausência, por estarmos "privilegiando" o trabalho aos filhos, pela ausência em festinhas da escola, por não estarmos em casa na primeira vez que nosso filho falou "água". Além de associarmos à nossa falta em casa tudo de ruim que acontece com a criança (e nunca algo de bom, claro). É tudo nossa culpa... Ah, se eu estivesse mais em casa....

Não, não, não. Nossos filhos não giram apenas em torno de nós. Sim, somos muito importantes para o desenvolvimento deles, sem dúvida. Mas, relembrando dr. Posternak, nossos filhos não nos querem 24 horas, 7 dias por semana, ao lado deles. É quase o contrário disso. O que eles precisam para um desenvolvimento emocional saudável é ter a segurança de que a mãe sai e volta. Essa certeza do afastamento e do retorno que transmitimos a eles constrói um sentimento de segurança interna.

Ter isso em mente é muito tranquilizante. Não significa abandonar nossos filhos, nem tampouco abrir mão de horas preciosas com eles, mas, sim, dosar o perto e o longe sem achar que o longe é o lugar da mãe-carrasca e o perto, o da mãe-perfeita. O bom senso do equilíbrio e da demanda específica de cada filho é nosso melhor termômetro para essa medida exata de presença-ausência. Aliás, por falar em ausência, lembro-me do poema de Carlos Drummond de Andrade que foi usado pela minha filha no prefácio do meu segundo livro (*Aprendiz de equilibrista: como ensinar os filhos a conciliar família e carreira*). No poema "Ausência":

> *Por muito tempo achei que a ausência é falta.*
> *E lastimava, ignorante, a falta.*
> *Hoje não a lastimo.*
> *Não há falta na ausência...*

Nós, mães, precisamos urgentemente saber separar a ausência de falta. Esse é um primeiro e importante passo para lidarmos com a culpa pela ausência e pararmos de nos ver como estando sempre no débito com alguém, sempre em falta. Afinal, nosso mestre Drummond diz tudo: "não há falta na ausência".

***

Falta ou excesso: a medida do equilíbrio

Ser mãe e pai é estar em constante aprendizado. Não há uma medida certa, só a que se encaixa na sua realidade

"*A falta de mãe é prejudicial, o excesso intoxica.*" Destaquei, no início deste capítulo, essa mesma frase do dr. Leonardo Posternak, pediatra que cuidou dos meus filhos, que ele proferiu quando o entrevistava para meu primeiro livro.

O quanto essa frase me ajudou, acho que o dr. Leonardo não tem nem ideia, assim como deve ter ajudado a tantas outras mães que a ouviram em suas consultas. Tão simples e tão verdadeira, toca o coração das mães equilibristas, que ficam muitas vezes divididas entre estar com os filhos ou dedicar-se ao trabalho. Já repeti essa máxima muitas vezes, espalhando-a quase como um mantra para nós.

Mas, afinal, qual o poder dessa frase? Seu maior trunfo é tirar de nossas costas, cabeças e corações a sensação onipotente de que precisamos estar o tempo todo ao lado dos nossos filhos. Temos a ilusão de que essa presença quase ininterrupta gera filhos saudáveis e emocionalmente equilibrados.

Dr. Leonardo derruba essa fantasia e nos abre um caminho promissor, o do equilíbrio. Ele nos ensina que a presença em excesso, ao contrário do que poderíamos supor, não é positiva para as crianças. Nossos filhos precisam conviver tanto com a mãe presente quanto com a mãe ausente. É desse ir e vir, da presença e da falta, da alternância de sentimentos, que os bebês vão formando sua capacidade de lidar com a alegria de estar junto e com a frustração do não estar. Todos nós, a começar pelos bebês, precisamos dessa vivência das polaridades, do positivo e do negativo.

Vamos juntos fazer um raciocínio ao contrário: imaginar que a mãe, o pai ou ambos estejam sempre presentes. A cada soluço, chamado ou grunhido, corre rapidamente um dos cuidadores. Em poucos segundos, a necessidade é satisfeita. Não há espaço para sentir a sensação de fome ou experimentar algum friozinho. Tudo é satisfeito de forma imediata. Isso é ótimo, por um lado. Essa vivência de que o mundo é bom e supre todas as necessidades do bebê traz segurança, certeza de que a salvação existe. Considero que hoje, de forma equivocada, temos essa busca de uma felicidade suprema para nossos filhos e achamos que qualquer coisa oposta a isso deve ser evitada. Como contraponto, também é igualmente bom ter momentos de espera, de lidar com alguma frustração (controlada) e saber que entre o desejo do bebê e sua satisfação existe um intervalo. Nem tão demorado que gere medo e insegurança exagerados, nem tão imediato que não permita à criança aprender a esperar.

Para mim, fica a lição de que nossos filhos precisam ter a segurança de que vamos e voltamos. De que a ausência da mãe, do pai ou de ambos é temporária e o retorno é garantido. Para que ganhem confiança, eles precisam vivenciar os dois polos, o da presença e o da ausência. Curtir a proximidade e viver a perda pela distância. Sem isso, não há crescimento. Nenhum dos lados deve ser exercido de forma exagerada; o que vale é o equilíbrio. Essa medida exata entre ausência e presença também não tem receita. Varia de família para família, de filho para filho, de momento para momento. Aliás, isso também revela a beleza da maternidade: ir descobrindo nossos limites, revisitando-os de tempos em tempos e identificando nossa própria medida do ponto exato.

Bom, fica a dica. Quando bater aquela culpa por ter de sair e deixar seu filho, não se esqueça: nada em excesso, nem de um lado nem de outro; o que vale é o equilíbrio entre ausência e presença. Se apenas as palavras do dr. Leonardo não forem suficientes, vale resgatar os dois preceitos do oráculo de Delfos, na Grécia:

1º Conhece-te a ti mesmo.

2º Nada em excesso.

***

Fim de férias: Ebaaaa ou Viiiixi?

As mães se dividem no grupo que comemora a volta às aulas e no grupo que lamenta. Os sentimentos para quem concilia carreira e filhos são intensos e até um pouco irracionais

No fim de umas férias escolares, fiquei observando vários *posts* de mães equilibristas no Facebook. Muitas delas faziam comentários sobre esse momento. Foi divertido ver que as mães se dividiam em dois grupos: umas gritando *"Ebaaaa"* e outras gritando *"Viiiixi"*. Ou seja, as mães equilibristas se dividiam em termos do humor diante do fim das férias escolares. Resolvi explorar um pouco o que estava por trás de tais reações tão intensas e polarizadas.

A turma do *"Ebaaaa"* era daquelas mães que demonstravam claro sentimento de alívio com a volta às aulas. Era a certeza de que a vida voltaria a ficar nos "trilhos" e que a fase de buscar alternativas de atividades para os filhos, na ausência da escola, tinha terminado. Tanto mães que não trabalham fora de casa como mães que trabalham fora juntavam-se nesse coro. Para ambas, era a possibilidade de voltar à rotina e com isso ter uma vida mais "organizada".

Para as mães que não tiveram a chance de tirar férias junto com os filhos, o alívio vem dobrado. Conciliar a vida profissional com uma criança sem escola quebra o ritmo do dia a dia e traz novos desafios. Como ocupar o tempo da criança? Com quem ela fica enquanto mãe e pai trabalham? Isso sem falar na culpa, que aumenta durante as férias. Parece que a mãe fica ainda mais em débito por não poder dar uma cobertura extra nas férias, já que seu trabalho fora de casa continua. No trabalho, pouco importa se as férias escolares estão acontecendo, tudo segue igual. Em algumas casas, os filhos também cobram mais os pais, querem fazer programas, questionam por que não saem também de férias.

Tudo isso junto faz com que esse grupo de mães veja com muito bons olhos o retorno às aulas e o coro é unânime: *"Ebaaaa"*.

Já a outra turma parece andar na direção contrária: faz cara de contrafeita e solta um estrondoso *"Viiiixi"*. Neste grupo, vi mães que, na maioria, conseguiram tirar algumas férias com os filhos, mesmo que tenha sido apenas para ter mais tempo para ficar com eles. Algumas conseguiram viajar e aproveitar o verão com a família. Em ambos os casos, esse grupo celebrou a quebra da rotina, os momentos gostosos e a ausência de culpa. Afinal, pais e filhos estavam juntinhos o tempo todo. As férias foram aquele momento de "resetar" a culpa, de usar todos os segundos para fazer com os filhos aquilo que não dá tempo de fazer o ano todo, ir àquele parque que a criança estava louca para conhecer, ficar horas jogando bola ou fazer acampamento no quarto dos pais (em casa, isso era motivo de festa com meus filhos, todos amontoados no mesmo quarto, com os colchões espalhados pelo chão). Acabar as férias é pôr um ponto final, pelo menos temporário, nessa vida prazerosa e nesse ritmo mais lento que as férias trazem. É hora de voltar à rotina, ao corre-corre da semana, às agendas apertadas, e encarar novamente a safada da culpa de não poder estar tanto com os filhos como gostaríamos. Pois é, para resumir essa mudança, um sonoro *"Viiiixi"* sai da boca de muitas mulheres.

Mas o mais interessante é que muitas mães falam ao mesmo tempo *"Ebaaaa"* e *"Viiiixi"*. Ou seja, ficam exultantes com a volta às aulas e a retomada da rotina e entram em pânico pelo fim dos momentos gostosos em família. Acho que isso ilustra muito os sentimentos que temos em relação à maternidade, um pouco essa montanha-russa que é a vida das mães. Vejo que o colorido da maternidade é ter essa intensidade, até mesmo um pouco irracional, que faz a vida ficar vibrante. Com isso, ser mãe nunca é monótono, é sempre cheio de surpresas, de cores, de contrastes. Ao mesmo tempo, conseguimos celebrar e reclamar, amar e odiar, gritar *"Ebaaaa"* e *"Viiiixi"*.

Você é um termômetro ou um termostato?

Às vezes você observa e mede a temperatura do ambiente, outras vezes é você quem regula o quente ou frio. E é importante ter consciência disso

Algum tempo atrás, li um artigo num *blog* americano voltado para mulheres executivas que trazia essa interessante provocação – você é um **termômetro** ou um **termostato**?[8] No caso do texto a que me refiro, esse questionamento era feito pensando no papel de cada profissional dentro do ambiente de trabalho. Segundo a autora, Mary Smith, o tipo **termômetro** é aquela pessoa que, metaforicamente falando, mede a temperatura de um determinado ambiente, sente se ele está quente ou frio e consegue entender qual é a demanda do momento. Já o **termostato** define a temperatura do ambiente, dita o ritmo e controla a situação. Assim, a autora propunha que os leitores pensassem qual era seu papel dentro de uma empresa: você é um profissional do tipo **termômetro** ou do tipo **termostato**?

Com isso na cabeça, resolvi olhar para esses dois perfis indo além do mundo corporativo, transportando o mesmo raciocínio para pensar no estilo de pais e mães, como cada um de nós é. Sou uma mãe/pai termômetro ou termostato? Sou o que observa ou o que regula? Nessa reflexão, criei uma lista de características de cada um dos tipos.

Uma mãe ou um pai **termômetro** são aqueles que:

- têm uma sensibilidade aguçada;
- percebem tudo à sua volta rapidamente, detectando mínimas oscilações nos filhos;
- são sempre consultados pela família, sendo vistos como alguém que tem uma opinião confiável.

---

8. Artigo *Are you a thermometer or thermostat at work?* do blog *The little pink book*, disponível em: https://littlepinkbook.com/are-you-a-thermometer-or-thermostat-at-work/. Acesso em 13 abr.2022.

Já uma mãe ou um pai **termostato** são aqueles que:

- controlam o "clima" da família;
- ditam o ritmo das coisas;
- têm perspicácia para entender quando é preciso ceder ou quando é preciso endurecer.

Termômetro ou **termostato**, o fato é que ambos podem coexistir. Há alguns momentos que pedem para que a mãe ou o pai **termômetro** entrem em ação e outros em que é preciso ajustar o **termostato** e mudar o que estiver desajustado. Outras vezes, é necessário ser as duas coisas ao mesmo tempo: medir a temperatura como um **termômetro** e já sair ajustando o clima como um **termostato**. O que me parece de fato importante é ter consciência de qual papel estamos desempenhando em um determinado momento e usá-lo de forma sábia.

Saber quando ser um **termômetro** ou quando ser um **termostato** depende da situação e requer tempo e prática. Acho que a beleza da maternidade e da paternidade tem a ver com esse nosso infinito aprendizado e as novas descobertas, um eterno oscilar entre medir a temperatura e ajustar o clima, entre ser um pouco **termômetro** e um pouco **termostato**.

***

Celular: amor ou ódio?

Os prós e contras do vício no **smartphone** *e por que, afinal, a gente não vive sem ele*

Nós amamos o celular. Não conseguimos viver sem ele. Esse objeto, que era enorme (lembram-se dos primeiros celulares?), ficou pequenininho e está voltando a ser gigante (Samsung e Apple estão aí para não me desmentir), é item de primeira necessidade para o gerenciamento das famílias. Imagina querer saber de seu filho adolescente que saiu para uma balada e não ter como acessá-lo?

Ou estar presa no trânsito e atrasada para a próxima mamada e não conseguir contato com sua casa para avisar para irem dando o leite armazenado para segurar o choro?

Fui mãe na era pré-digital e hoje não sei como foi possível viver sem celular. Acho que muitas de nós sentimos um vazio quase emocional quando saímos e esquecemos o celular em casa. Parece que estamos peladas! O celular é nosso braço direito e esquerdo.

Ele nos ajuda a planejar a vida, nos poupa tempo e nos mantém conectados com a família. Falamos com todos, enviamos mensagens, compartilhamos fotos, vídeos, respondemos a *e-mails*, chegamos aos lugares acessando mapas, reservamos mesas de restaurante, pesquisamos onde é a agência bancária mais próxima. Sem falar nos infinitos aplicativos que nos conectam, divertem e informam.

Como vivemos sem o celular? É verdade: nós **amamos** o celular.

Corta a cena.

Nós **odiamos** o celular.

Ele toca quando não queremos. Ele perturba a paz da família bem no meio daquele papo gostoso. Mal conseguimos tirar os olhos desse objeto, parece que ele é tipo um ímã que nos puxa. Quando vemos, já estamos grudados a ele, por vezes nem o guardamos na bolsa com medo de que alguém nos chame e não consigamos ouvir.

Muitos amigos, mesmo juntos, ficam hipnotizados por seus celulares e mal aproveitam o momento olho no olho que um encontro pessoal proporciona. Adolescentes, então, nem sei por que se juntam! Fica cada um com a cara abaixada digitando freneticamente, praticamente ignorando a presença dos outros. Não raro, vejo casais já adultos em mesas de restaurante, antes um lugar para trocar ideias, hoje em muitos casos apenas um espaço para que cada um cultive sua individualidade, onde o fascínio pela telinha do celular se sobrepõe a tudo.

Sem falar nas horas que gastamos usando-o para acessar nossas contas no Facebook, Pinterest, Twitter, Instagram...

E ainda compulsivamente trocamos mensagens de Whatsapp, Snapchat, Messenger...

Já imaginou quantas horas gastamos a mais com todas essas "coisas" que não existiam até pouco tempo atrás? Como vivemos aprisionados a esse monstro?

Verdade: nós **odiamos** o celular!

Amor e ódio intensos! Ele aproxima e afasta as pessoas.

Ele nos ajuda e nos atrapalha. Ele é parceiro e vilão. Ele é reverenciado e criticado. Ele é salvação e pesadelo.

De um jeito ou de outro, de tamanho pequeno ou grande, de uma marca ou de outra, não temos como nos livrar dele, amando ou odiando.

***

Muitas perspectivas de tempo e bem-estar

O dia do casal tem 48 horas: 24 dele e 24 dela. Poucos se lembram disso!

Vejo o quanto a conciliação das mil demandas que pais e mães têm nos leva a estar sempre em débito com o tempo. Não me lembro de ninguém falar *"estou com tempo de sobra!"*. Conhece alguém com tal privilégio?

Outra certeza é a de que essas mesmas pessoas que têm um tempo tão escasso desejam intensamente o bem-estar dos seus filhos, físico e mental. Também não conheço nenhum pai ou mãe em plena sanidade que pense diferente disso.

A coisa começa a ficar incerta quando pensamos em como equacionar essas duas certezas: como ter a medida certa e possível do tempo para garantir o tão desejado bem-estar dos filhos? Engana-se quem pensa que vou dar respostas. Aliás, creio que não há uma única resposta, nem um único caminho. Pais são diferentes e filhos, idem. Cada família tem um arranjo, uma demanda, uma carência, um tempo, um projeto de bem-estar e sonhos próprios. Não existe algo do tipo *"one size fits all"*, como bem dizem os americanos para se referir a uma única coisa que sirva para todos os tipos de pessoas. Se não há um padrão, significa que não há um único modelo para o manejo do tempo e a busca do desejado bem-estar dos filhos.

Nem por isso quero dizer que qualquer coisa serve, de maneira alguma! Muito pelo contrário, o manejo do tempo de cada família precisa ser um negócio pensado, discutido, amadurecido. Já que o tempo é finito, é preciso planejar onde e como devemos alocar as poucas horas disponíveis para os filhos.

E nunca se esquecer de que, quando as famílias têm pai e mãe, o dia tem 48 horas, certo? 24 horas de cada pessoa. Poucos fazem essa conta e na maior parte das vezes um dos dois pais é sobrecarregado, em geral a mãe. Isso foi comprovado em estudo do IPEA (Instituto de Pesquisas Aplicadas) divulgado em 2020, que demonstrou que as mulheres, mesmo as que trabalham fora, gastam 10 horas semanais a mais do que os homens em tarefas domésticas.

O que é pior e inexplicável é que nas famílias com 5 filhos ou mais a diferença entre horas dedicadas à casa entre mulheres e homens cresce, atingindo 23 horas! Mais filhos significam mais trabalho para as mães, e não uma maior colaboração de ambos nessa empreitada. Realmente, com esse arranjo não há tempo que chegue e as 24 horas da mãe se vão rapidamente, além de ela ficar exausta.

A ideia de bem-estar dos filhos é algo para ser debatido intensamente entre o casal, porque aqui também não há uma medida precisa. Cada família vê de um jeito, define e valoriza prioridades, cria sua própria leitura do que é o bem-estar dos filhos. Para uma família, é ir bem na escola. Para outra, é ele estar com um sorriso no rosto, brincando com amigos e disposto. Para outros, controlar o xixi, dormir bem e comer de forma adequada. Outros têm tudo isso e ainda sentem que não chegaram ao patamar que desejam.

Tudo é uma questão de perspectiva, por isso não temos como nos apegar a fórmulas, gabaritos ou tabelinhas de bem-estar e quantidade de tempo ideal. Maneje o tempo da forma que parece mais adequada e crie o bem-estar desejado e possível para sua família. Siga sua intuição, converse com seu parceiro/parceira, defina suas prioridades e boa sorte!

***

Terceirização da intuição

Os pais intuitivos foram substituídos pelos "pais-Phd", aqueles que estudam e estudam para saber como ser melhores, mas não confiam em si mesmos

Já escrevi sobre isso antes, mas esse tema continua a me intrigar. Sinto que há um sentimento generalizado entre pais e mães de que a forma de eles se relacionarem com seus filhos tem sido muito pouco espontânea. Tudo é calculado, pensado, discutido. A intuição fica em segundo plano e no primeiro plano entram vários profissionais e empresas que se aproveitam dessa "brecha" de mercado, muito bem identificada, por sinal. Pais se sentindo incapazes para fazer seus filhos dormirem a noite toda, por exemplo, recorrem a um profissional assim denominado "encantador de sono". Outros, ansiosos por ver seus filhos hiperestimulados, matriculam crianças de três meses em sessões de musicalização.

Há também aqueles que buscam apoio para saber como amamentar, como brincar, como contar histórias, e por aí vai. O que está acontecendo? Por que esse mercado existe? Certamente os pais não compram esse tipo de produto porque há oferta. O que acontece é o contrário. Existe a oferta porque há demanda. Se é assim o mecanismo, me pergunto: de onde vem essa demanda que se torna ano a ano mais visível nos jovens casais e seus filhos? Por que essa "terceirização" excessiva que vemos acontecer nas famílias da classe média para cima?

Antes que eu seja acusada de dar pouca atenção à informação, à leitura ou aos avanços, posso afirmar que de maneira alguma sou contra sermos pais bem informados e bem preparados. Aliás, não faria sentido nenhum, no mundo em que vivemos, não sugarmos toda a informação que está ao nosso dispor. Mas o que discuto aqui é bem diferente. Meu ponto é a substituição da intuição dos pais pela informação ou sapiência de um terceiro, um estranho. Alguém que não está no dia a dia, não gerou a criança e tampouco conhece a realidade dos pais e dos filhos.

Vejo isso de forma recorrente: pais sentindo-se incapazes de lidar sozinhos com seus filhos buscam apoios profissionais para coisas que, no meu entender, são de responsabilidade da família, em primeiro lugar. Uma mãe me diz: "mas meu filho não dorme, acorda várias vezes à noite, por isso fui buscar alguém que me ensinasse a fazê-lo dormir!".

Isso para mim não faz o menor sentido. Todos os pais sabem, mais do que ninguém, fazer seus filhos dormirem. Uns podem sofrer mais ou demorar mais, mas todos os pais são capazes de ensinar seus filhos a dormir. Esse é apenas um exemplo que me intriga nessa indústria dos "encantadores do sono" ou da terceirização da intuição.

Atrás dessa terceirização, vejo alguns sinais. O primeiro é um sentimento, que observo em alguns pais, de que eles não vão dar conta de criar seus filhos sozinhos. Sentem-se inseguros e impotentes. O segundo é uma sensação de necessidade de controle absoluto. Precisamos aprender, desde o momento da gestação, que não podemos controlar tudo em relação às crianças. Não é terceirizando funções que vamos controlar mais nossos filhos. O que precisamos é aprender a lidar com a frustração pelo não controle. É, parece contraditório e fora de moda para os tempos atuais, quando controlamos quase tudo. Filhos não obedecem, muitas vezes, a essa dinâmica contemporânea.

O terceiro sinal é a perda da intuição, do tal instinto dos pais. Parece que não confiamos mais nas nossas experiências, no "meu" jeito de fazer meu filho dormir, comer ou brincar. Os pais intuitivos são substituídos pelos "pais-Phd", aqueles que estudam, estudam e estudam para saber como ser melhores pais.

De novo, não sou contra sermos bem informados para não cometermos idiotices. Mas mesmo bem informados, posso garantir que faremos várias. Só que, entre isso e passar a pautar a paternidade/maternidade a partir do que vem de "fora", há uma grande diferença.

Em quarto lugar, há um sentido de "desempoderamento" dos pais. Sim, eles perderam o poder de decidir e o poder se transferiu para os filhos (para os bebês). Filhos têm poder sobre os pais, e não o contrário. Tanto poder que deixam pais apavorados e receosos e, nesse estado, clamam pela ajuda de terceiros.

Por fim, há nos pais um desejo natural de que seus filhos cresçam saudáveis física e emocionalmente. Ele sempre existiu, ainda bem. Mas parece que hoje ganhou ares de neurose. Tudo o que fazemos ou deixamos de fazer vai impactar o sucesso futuro de nossos filhos. Em parte, pode ser verdade, mas, novamente insisto, não temos controle sobre tudo e precisamos saber lidar com os imprevistos.

Pronto, cheguei aonde queria: pais precisam aprender a lidar com frustrações, imprevistos e com a permanente falta de controle. Não será com "encantadores de sono", com aulas de música aos três meses de idade ou com orientadores para contar histórias que nossos filhos serão mais felizes, mais saudáveis ou mais bem-sucedidos no futuro.

Na minha visão, mais do que isso, os pais terão perdido uma grande chance de tentar, errar, tentar de novo, descobrir e conhecer seus limites, seus filhos e sua própria forma de ser pai ou mãe. Se eu puder dar algum conselho para os pais mais novos, diria o seguinte: acreditem em suas intuições. Vocês são as pessoas que melhor conhecem seus filhos, os que mais os amam e os mais preparados para enfrentar os desafios juntos. Não percam essa chance terceirizando experiências de descobertas. Pais sabem das coisas!

***

Help

Nos dias de hoje, em que as redes sociais nos empurram para buscar uma perfeição irreal, assumir que precisamos de ajuda é fundamental

Help, I need somebody
Help, not just anybody
Help, you know I need someone
Help! I never needed anybody's help in any way

But now these days are gone,
I'm not so self assured
Now I find I've changed my mind and opened up the doors....

A icônica música *Help*, dos Beatles, deu nome a um dos álbuns mais bem-sucedidos do grupo, lançado em 1965, e, desde então, ouvido por milhões de pessoas pelo mundo, encantadas pela melodia e pelos versos. Se em 1965 o grito de ajuda apontava para uma direção da busca de liberdade, hoje podemos ouvi-lo também como um clamor por liberdade, mesmo que com outra tonalidade.

Já observaram como temos dificuldade de pedir ajuda e nos mostrar frágeis? A sociedade do desempenho e dos *likes*, criada na pós-modernidade e muito bem ilustrada pelo filósofo coreano Byung-Chul Han, revela o quanto estamos obcecados por apenas demonstrar força, velocidade e positividade.

Tiramos de nós qualquer chance de mostrar algo mais negativo ou que esboce sinais que possam nos colocar como fracos. E assim vamos carregando o peso de sermos sempre cidadãos de alta performance, autônomos e eficientes, seja em nossa vida pessoal, seja na profissional. Da mesma forma, também como pais e mães, exigimos de nós mesmos essa performance midiática, positiva e *instagramável*. Será possível?

É claro que não. O grito dos Beatles por *help*, quadros de depressão e ansiedade em alta, *burnout* batendo à porta, a exaustão que nossos corpos e mentes sentem e nossos rostos estampam já são claros sinais (ou sintomas) de que há algo muito errado. Estamos, sim, gritando por *help*, mesmo que não queiramos ouvir. Não digo ajuda psicológica, que também é muito bem-vinda, mas ajuda para nos abrirmos para essa consciência de que não damos conta de tudo sozinhos. É interessante, na letra dos Beatles, a mudança de estado que ela propõe, quando fala *"I never needed anybody's help but now these days are gone"*, ou seja, eu nunca precisei de ajuda, mas esses dias ficaram para trás. Essa mudança de postura, de se achar autossuficiente para se mostrar vulnerável e, portanto, alguém que precisa de ajuda, é fundamental!

Se houve algum lado positivo na pandemia do coronavírus, talvez tenha sido esse, o de mostrar que estamos todos vulneráveis e que não é possível vivermos isolados e sem a ajuda do outro. Pode ser do marido, da esposa, de avós ou de amigos. Pedir ajuda não nos faz pessoas mais fracas, ao contrário, é um ato de grande coragem. Para isso, se comecei com os Beatles, termino com uma passagem bem atual, do brilhante e encantador livro de Charlie Mackesy, *The boy, the mole, the fox, and the horse*[9]:

> *"Qual a coisa mais corajosa que você já falou?", pergunta o menino.*
>
> *"Me ajuda. Pedir ajuda não é desistir, é se recusar a desistir", responde sabiamente o cavalo.*

---

9. Publicação disponível em português com o título *O menino, a toupeira, a raposa e o cavalo*, Editora Sextante, 2020.

CAPÍTULO 4

FILHOS RESSIGNIFICANDO NOSSO TEMPO

Eles são a razão de tanto equilibrismo: nos completam e nos preocupam, depositamos neles sonhos e expectativas e, em qualquer fase da vida, serão sempre nossas crias, nosso orgulho e realização. O modo como conduzimos nossa rotina hoje, nossos vínculos com eles e os modelos que veem em casa com certeza afetarão seus estilos de serem pais e equilibristas no futuro.

Será? Será?

A nossa fala interna nos vê como melhores pais quando abrimos mão de coisas nossas em prol dos filhos

> *De todo modo, em vez de dizerem: "Faço isso pelos filhos – isso pode se realizar no futuro", tentem fazer as coisas por vocês mesmos, aqui e agora. Aí verão se é possível ou não.*
>
> *Se vocês adiarem a busca da felicidade para os filhos, vocês deixam a herança de alguma coisa que não ousaram realizar... se deixam para o futuro (a felicidade), deixam menos que nada para os filhos: deixam um mau exemplo.*

A citação acima foi escrita em 1939 por Carl Jung, em suas reflexões acerca da famosa obra de Nietzsche, *Assim falava Zaratustra*. Entre essa reflexão e nossos dias lá se vão mais de 80 anos. Nem parece: para mim soa como se tivesse sido escrita hoje! Penso em como nós, no papel de mães e pais, deixamos nosso bem-estar de lado apostando na felicidade futura dos filhos.

A nossa fala interna nos vê como melhores pais quando abrimos mão de coisas nossas em prol dos filhos. Planos de trabalho, de viagem ou de um simples encontro com amigos ficam adiados, afinal filhos vêm sempre em primeiro lugar, certo? Será? Será que é isso o que devemos fazer por eles? Abdicarmos de nossa felicidade resultará em filhos mais felizes?

Por um lado, podemos argumentar que somos felizes quando estamos vivendo integralmente para os filhos, afinal eles ficam felizes quando deixamos de lado uma viagem a dois para ficar mais tempo próximo a eles, ou quando resolvemos abandonar uma carreira de que gostamos pelo seu bem-estar.

Novamente, acho que vale uma reflexão nossa sobre isso, sem apenas nos contentarmos com uma visão simplista sobre o tema. Talvez, ao abdicarmos de coisas nossas em prol dos filhos, estejamos colocando na conta deles essas desistências e um dia essa fatura será cobrada.

Quem já não ouviu pais e mães falarem: "Mas eu fiz isso por você, para o seu bem..." Será mesmo? Ou será que o melhor ensinamento que podemos dar para nossos filhos não é mostrar que os pais são sujeitos que cuidam de si, que zelam por suas felicidades, que batalham por seus sonhos?

Algo como novamente relembra Carl Jung: "Se os pais podem cuidar de si mesmos, os filhos também poderão. Eles não ficarão procurando a felicidade para os netos, mas o farão para terem, eles mesmos, uma razoável porção de felicidade".

Será que não somos egoístas se cuidamos de nós mesmos em primeiro lugar? Com certeza, essa é uma dúvida que nos persegue, mas vale nos debruçarmos sobre ela, e não rapidamente engolirmos tal culpa sem dar a ela seu devido tempo de digestão.

Em minhas pesquisas com pais, mães e filhos, observo que a felicidade de nossos filhos está diretamente relacionada à felicidade dos pais. Pouco importa a escolha de mães, trabalhar fora ou não, desde que seja uma decisão que as faça se sentirem bem, em paz com suas escolhas.

De uma coisa tenho certeza: somos modelos para nossos filhos. Para o bem ou para o mal. Modelo mais por aquilo que fazemos e sentimos do que por aquilo que falamos.

Qual modelo de felicidade queremos passar a eles? Será de alguém que luta por sua felicidade ou de alguém que abre mão dos seus sonhos?

***

O que a minha mãe faz?

Acho fundamental compartilharmos com nossos filhos o porquê de trabalharmos

Sempre procurei explicar para os meus filhos como funcionava minha vida profissional. Como muitas crianças, Beatriz se divertia indo ao meu escritório, assistindo a palestras ou acompanhando discussões sobre produtos. Guardo em minha sala na empresa até hoje algumas anotações que ela fez assistindo a um grupo de pesquisas. Enquanto eu moderava, ela acompanhava atentamente as conversas das consumidoras por trás do espelho. Minha filha tinha 6 anos e era recém-alfabetizada, e anotava o que ouvia de interessante.

Tais anotações que Beatriz fez, mesmo muitos anos depois, são para mim praticamente uma prova de um dos primeiros envolvimentos da minha filha com minha vida de equilibrista. Fazê-la conhecer o meu lado profissional, mostrando a realidade e o lado prazeroso do trabalho, foi uma forma de torná-la ainda mais cúmplice e participante da minha rotina.

Mas, mesmo sem saber ao certo o que os pais fazem, Beatriz Savoldi diz que todos entendem a relação trabalho X dinheiro. "Eles sabem exatamente como funciona o mecanismo do consumo", revela a professora. Ainda sobre esse tema, a psicopedagoga Maria Irene Maluf elabora a questão do valor X preço. Segundo ela, é preciso transmitir que toda moeda tem dois lados, então existe ao mesmo tempo o preço e o valor de uma coisa. "Depende muito em qual momento estou: se eu quero um Playstation de último tipo e minha mãe está trabalhando e se esfalfando para consegui-lo para mim, uma beleza. Mas na hora que eu quero um cafuné eu não sei se gosto tanto assim de ela trabalhar. Tudo na vida tem um custo."[10]

---

10. Frases de Beatriz Savoldi e Maria Irene Maluf no livro *Aprendiz de equilibrista: como ensinar os filhos a conciliar família e carreira*, de Cecília Troiano. Editora Generale, 2011.

Dependendo do que falamos e explicamos aos nossos filhos, ficará mais evidente o lado do valor ou o lado do preço. "Tem filho que julga que a mãe trabalha pelo preço da comida, da escola, da casa... e outro que fala da promoção da mãe e de como ela fica feliz exercendo a profissão, ou seja, entendeu o valor do trabalho dela, tanto para ela mesma quanto para os outros." Observando as respostas dos pesquisados, percebo que o mundo do consumo é fascinante para as crianças, e por isso ainda veem no dinheiro o benefício maior do trabalho.

À medida que vão ficando mais maduros, no entanto, os jovens já apontam mais a opção "trabalha porque gosta" para a mãe (e para o pai). Valorizar o que se faz, com certeza, dá ao trabalho uma conotação mais completa do que a simples necessidade econômica, ou seja, tira-se aquela imagem negativa de um mal necessário e planta-se a de uma atividade prazerosa, interessante, que permite colaborar com o coletivo e resulta, acima de tudo, em crescimento pessoal.

Enfim, acho fundamental compartilharmos com nossos filhos o porquê de trabalharmos, seja qual for o nosso motivo, e desde que eles são pequenos. Claro que nossa fala e profundidade dependerão da maturidade da criança e da capacidade de compreensão de cada idade. Mas explicar a nossa atividade profissional com certeza é uma forma de estreitar laços e fazê-los respeitar nossa rotina e nossas escolhas.

***

Gênero, modelo e pepino

Eu cresci assumindo que homens e mulheres tinham um papel similar na sociedade

Desde pequena, via meu pai e mãe preparando meu lanche da

escola, ambos saindo para trabalhar, levando-me para a escola e estando juntos comigo à noite. Ao longo da minha vida, a ideia de ter pai e mãe que trabalhavam fora e em casa também sempre foi algo absolutamente normal. Eu cresci assumindo que homens e mulheres tinham um papel similar na sociedade, no trabalho e em casa, e que a igualdade entre gêneros era a normalidade...

Inicio este texto com as palavras de abertura de uma palestra proferida por minha filha Beatriz, na qual compartilhou sua visão sobre igualdade de gênero com um grupo de 200 profissionais no banco onde trabalha. Sua fala fazia parte de suas atividades como uma das fundadoras de um grupo que debate esta questão no banco. Além do infinito orgulho com que li seu discurso, por ter uma filha, então com 25 anos, já engajada e ativa profissionalmente, refleti muito sobre o impacto de nossas próprias vidas sobre nossos filhos.

Mais do que nossas palavras expressando o que pai e mãe pensam sobre igualdade de gênero, o que fazemos no cotidiano é que revela verdadeiramente aquilo que fica registrado e cria comportamentos futuros. É óbvio, mas nunca é demais repetir: somos modelos para nossos filhos, seja daqueles traços que nos vangloriamos de ter, seja daqueles que queremos esquecer que possuímos. Filhos são como esponjas, absorvem tudo o que vivenciam dentro de casa. Com o tema da igualdade de gênero não é diferente. Vivenciar pais que se tratam de forma igualitária, dividem tarefas e despesas e tomam decisões independentemente de seus gêneros... esses são sinalizadores concretos para que nossos filhos não apenas entendam o conceito de igualdade de gênero. É o que os faz passar a ver tal dinâmica entre homem e mulher como natural, aliás, como sempre deveria ser.

Como pais, nós estamos formando as cabeças, as atitudes e a visão de mundo das novas gerações. Somos responsáveis pelos valores que comporão o caráter deles, a visão que terão sobre o que é "esperado" para o homem e para a mulher. Não podemos nos isentar desse papel, se queremos construir uma sociedade que não tenha lentes diferentes para olhar e julgar homens ou mulheres. Aliás, estudos científicos conduzidos pela pesquisadora de gênero dra. Christia Brown, autora do livro *Parenting Beyond Pink and Blue: how to raise your kids free of gender stereotypes* (em tradução livre: "Educando além do rosa e azul: como criar filhos livres de estereótipos de gênero"), apontam que os comportamentos e a expressão de sentimentos associados aos meninos e meninas não são fruto de seus DNAs, e sim da socialização. Se a casa é o primeiro espaço de socialização, tudo começa no berço, literalmente.

Na vida que construirão, seja no trabalho ou nos relacionamentos, a ideia que nossos filhos terão sobre gênero definirá o que podemos esperar do futuro. Temos a "faca e o queijo na mão" para não só sonharmos com um mundo mais justo para homens e mulheres, como também para permitir que nossos filhos e netos desfrutem de um mundo assim.

Quem conhece a expressão "é de pequeno que se torce o pepino"? Tal provérbio vem de uma antiga história que contava que os agricultores que cultivam os pepinos precisam dar a melhor forma a estas plantas. Retiram uns "olhinhos" para que os pepinos se desenvolvam. Se não for feita esta pequena poda, os pepinos não crescem da melhor maneira, porque criam uma rama sem valor e adquirem um gosto desagradável. De forma metafórica, tal provérbio reflete bem o que penso. Se queremos que nossos filhos cresçam com valores robustos, é preciso começar em casa, plantando e semeando a igualdade de gênero que vislumbramos para eles, dando oportunidades iguais em casa, no trabalho e na sociedade.

***

Mãe é aquela que não sabe nada

É assim que muitas de nós nos sentimos, principalmente quando nossos filhos se aproximam da adolescência

"Chega um determinado momento que a definição de mãe é aquela que não sabe nada." Essa é uma das muitas falas que recheiam o excelente filme *Como nossos pais*, da diretora Laís Bodanzky. O longa-metragem faz um retrato bastante contemporâneo dos dramas familiares, dentro da realidade brasileira de classe média. Sem dar *spoiler*, essa frase é dita pela atriz Clarice Abujamra, que no filme faz o papel de mãe da atriz Maria Ribeiro.

Maria é a personagem Rosa, que vive um casamento turbulento, é mãe de duas meninas e uma típica equilibrista. Aliás, no filme apenas não usam o termo *equilibrista*, mas tudo na vida de Rosa revela uma mãe às voltas com seus múltiplos papéis e todo o seu malabarismo para dar conta de tudo, tendo a seu lado um marido mais preocupado em salvar o planeta do que em dividir responsabilidades com a esposa.

Voltando à frase da abertura, fiquei pensando sobre ela um bom tempo depois de ver o filme. Adoraria ter criado essa fala, pois acredito em cada letra dela. É assim que muitas de nós nos sentimos, principalmente quando nossos filhos se aproximam da adolescência, como é o caso de Rosa no filme. Como já foi meu caso há alguns anos e como é o de muitas de nós em algum momento da maternidade. A sensação é essa: diante de nossos filhos adolescentes, parece que nada do que falamos faz sentido para eles. Tudo é "nada a ver". Não acertamos em nada diante dos olhos deles nessa fase da juventude. O pior é que também nos vemos assim. Por mais que nos esforcemos, parece que há sempre algo que não compreendemos, que não temos certeza se é assim que deveríamos fazer. Assim como nossos filhos ficam inseguros na adolescência, o mesmo acontece conosco.

Não à toa, em pesquisa que alimentou meu primeiro livro, *Vida de equilibrista: dores e delícias da mãe que trabalha* (Ed. Cultrix, 2007), identifiquei duas fases na vida de nossos filhos quando as mães declaram ter mais dificuldade em conciliar carreira e família. A primeira dessas fases, a mais óbvia, é quando eles têm de 0 a 2 anos. Tudo é novidade, temos receio de como ficará o bebê quando estivermos no trabalho, o medo de saber se ele está sendo bem cuidado e a dúvida se daremos conta de tudo. E a segunda fase considerada a mais difícil pelas mães equilibristas é exatamente quando os filhos chegam à adolescência.

Poderíamos imaginar que a mãe nessa fase já é uma veterana, mas não é bem assim. Novos desafios surgem e a veterana mãe mais parece uma estreante. Os temores aqui são outros. A mãe preocupa-se com a maior independência do adolescente e suas também crescentes responsabilidades, principalmente em relação à escola. O adolescente já anda – e muito – com as próprias pernas e o controle da mãe, mesmo que ela queira, é mais complexo. Enquanto está no trabalho, muitas vezes fica preocupada e com a cabeça conectada no adolescente. Não raro, pensa como era mais fácil quando ela controlava tudo, sabia a hora em que os filhos comiam, tomavam banho e dormiam, mesmo que ela estivesse ausente pelo trabalho. Com filhos adolescentes, mesmo em nosso mundo com redes sociais e WhatsApp, não sabemos tudo que eles fazem com seu tempo. Monitorar à distância é possível, mas o adolescente não quer mais ser controlado. Sua vida social intensa e o florescer da sexualidade pedem esse espaço de liberdade do qual não abrem mão.

Pois é, voltamos para a frase com a qual abri esse texto e que ficou martelando minha cabeça após assistir ao filme. *Mãe é aquela que não sabe nada*...e parece que na adolescência isso ganha um sentido ainda maior. Após ter sobrevivido à vida de equilibrista com dois filhos adolescentes, que já se tornaram adultos, apenas digo que não saber nada é o primeiro passo para descobrirmos o nosso jeito de ser mãe. Aliás, a maior lição em relação a isso ouvi de minha filha, quando ela tinha uns 14 anos: *"Tudo bem, mãe, é a primeira vez que você é mãe de uma adolescente".* Com essa fala madura e sábia, Beatriz me dava permissão para errar e principalmente para descobrir o meu jeito de ser mãe. Obrigada, filha, pela lição. Espero que agora eu saiba um pouquinho mais do que naquela época.

***

Exportando filhos e sonhos

Queremos que nossos filhos lancem voos longos e prósperos, que conquistem tudo o que a vida pode oferecer e mais um pouco

Desde que eles são pequenos, queremos que nossos filhos sejam cidadãos do mundo. Nas famílias brasileiras (e diria também nas latino-americanas) de classe média para cima, pais e mães não poupam esforços para que seus filhos aprendam línguas. Inglês no mínimo, melhor ainda se puderem também aprender uma terceira língua; espanhol, quem sabe. Investimos, quando possível, em viagens internacionais, mesmo que seja para ir ver o Mickey Mouse na terra do Tio Sam. Alguns deles fazem intercâmbio, vivendo nos Estados Unidos, Canadá ou Austrália, os destinos mais comuns para essa atividade. Confesso que com meus filhos não foi muito diferente.

Temos um sonho como pais: queremos que nossos filhos sejam cidadãos globais, preparados para suas vidas futuras, profissionais bem-sucedidos, independentemente de onde resolvam morar. Queremos que nossos filhos lancem voos longos e prósperos, que conquistem tudo o que a vida pode oferecer e mais um pouco.

Bom, se era isso que sonhávamos para nossos filhos, em boa parte dos lares brasileiros mais abastados é o que vem acontecendo. No meu caso, meus dois filhos moram fora do Brasil, onde estudam e trabalham. Vários amigos deles vivem o mesmo processo. O filho mais velho de meu marido tomou o mesmo rumo, onde se casou, pratica a medicina e já é cidadão onde escolheu viver. Em parte orgulhosos, em parte muito saudosos, enchemos o peito para falar sobre as aventuras e desventuras de nossos filhos longe de casa.

Como disse Friedrich Nietzsche, "*nossos filhos não são nossos. Eles são filhos da vida ansiando pela vida.*" O que nossos filhos estão fazendo é seguir fielmente o que foi proferido por Nietzsche há dois séculos: estão vivendo a vida. Afinal, não foi para isso que os educamos e investimos neles, para serem do mundo? Pois bem, agora nos resta torcer para que sejam felizes, onde quer que tenham escolhido viver, e guardar a certeza de que fizemos nosso papel de prepará-los para essa jornada. Mesmo que a saudade aperte nossos corações. E muito.

***

Transição: de gerente de projetos a consultor

Nos sentimos orgulhosos de ver nossos filhos criarem asas, mas ficamos com medo de não estarmos mais tão perto para socorrê-los

Há alguns anos vivi um momento muito especial em minha vida. Uma filha estava prestes a se formar na faculdade e começaria em breve sua jornada profissional. Meu filho fechava o ciclo no Ensino Médio e partia para a vida universitária. Ambos decidiram estudar fora do país e com isso a ruptura entre tê-los todos os dias ao nosso lado e não ter mais a convivência diária, pelo menos física, ficou ainda maior.

Minhas crianças cresceram e bateram asas, voando para longe, por conta própria. Como isso é bom! E como isso é dolorido! Ver os filhos "voando" nos dá uma sensação maravilhosa de dever cumprido, de que o que construímos está gerando frutos e que eles estão tomando o rumo da vida deles. Ao mesmo tempo, ai que aperto no coração, que saudades, que falta daquele cheirinho e agito de crianças pela casa.

Na cabeça sempre preocupada dos pais, bate aquela insegurança: será que estão bem? Será que darão conta de enfrentar as novas decisões? Como vão se virar sem ter os pais presentes no dia a dia? Por um lado, nos sentimos orgulhosos de ver nossos filhos criarem asas. Por outro, ficamos com medo de que possam se machucar de alguma forma e não estarmos mais tão perto para socorrer.

Com tudo isso na cabeça, com orgulho e medo misturados, no início daquela fase tive a oportunidade de acompanhar meu filho durante dois dias na universidade onde ele iria estudar. É um tempo dedicado aos alunos e familiares, algo que talvez funcione como uma adaptação de todos à nova vida que passarão a ter dali para a frente. Nesses dois dias, professores, diretores e atuais alunos contam sobre a dinâmica da faculdade, como é estudar e morar lá – pois todos os alunos moram na universidade. Depois dessa imersão, a mensagem que fica é: fiquem tranquilos, vocês já fizeram sua parte, deixem seus filhos crescerem. Claro, essa mensagem é fácil de ouvir e de entender, mas difícil de assimilar e pôr em prática. Creio que, como pais, nessa etapa da vida de nossos filhos, vivemos um sentimento ambíguo. De um lado, felicidade com a jornada que vem pela frente e, por outro, aquela angústia pela dúvida: "será que vai ficar tudo bem com ele/ela?"

Desse encontro saí com dois recados principais registrados: o primeiro é de que eles conseguem se virar sem ter os pais ao lado deles 100% do tempo. O segundo é, sim, eles vão "bater cabeça" também e, como pais, temos que deixá-los tomar esses trancos; afinal, é só assim que eles crescem. Tudo parece bem óbvio, certo? Mas quando se trata de educar filhos, mesmo as coisas óbvias à primeira vista nos fazem ficar de coração apertado. O instinto é de, no caso de qualquer necessidade, correr para resolver por eles. Confesso que precisei me segurar bastante e dominar essa minha vontade.

Mas, de tudo o que ouvi, talvez a ideia que mais tenha me marcado, até por eu ser uma pessoa que precisa gerenciar projetos na vida profissional, foi uma frase falada por um dos diretores da universidade. Ele disse algo assim: *"pensem que vocês estão no ambiente profissional de uma empresa. Neste momento da vida de seus filhos, vocês deixam de ser gerentes ou gestores de um projeto e passam a ser consultores de seus filhos. O projeto agora é deles, e vocês assumem um novo papel."* Sabemos o quanto é difícil, depois de tantos anos como gestores de um projeto, deixá-lo sair de baixo de nossas asas. Mas talvez o mais bonito da vida dos pais seja ter essa possibilidade de viver o momento de consultor, sabendo que a gestão do projeto foi bem feita.

Aos meus filhos e aos filhos crescidos de vocês, desejo uma vida maravilhosa pela frente. E que nossos filhos saibam que estaremos sempre aqui como consultores, de braços abertos e com amor infinito.

***

Skype e ratoeiras

Como eu e minha família nos sentimos próximos da nossa filha que parece tão longe fisicamente

O título parece estranho. Parece não, é estranho mesmo. Como duas coisas tão diferentes podem estar juntas? Skype, poucos anos atrás, era sinônimo de tempos digitais, da era em que vivemos, de um olhar para frente, do mundo contemporâneo. Marca superbadalada, disputada, desejada e valiosa. Ratoeiras, por outro lado, apontam para o passado, um objeto quase primitivo, rudimentar, meio esquecido nos dias de hoje. Fica empoeirado em lojas e mercadinhos, escondido e limitado à área de produtos em desuso e asquerosos. Então por que Skype e ratoeiras estão juntos?

Simples. Ambos, Skype e ratoeiras, quando escrevi este texto, me colocaram próximos de minha filha, então com 22 anos, que mais de 4 anos antes saíra de casa para fazer faculdade nos Estados Unidos e depois, já formada, estava começando sua carreira por lá. Mas afinal, por que Skype e ratoeiras?

A história é a seguinte: desde que minha filha saiu de casa, o Skype foi o melhor amigo meu e de meu marido. Com Skype, era como se ela estivesse conosco na sala de casa, sentada à mesa em nossos deliciosos jantares com meus pais às sextas à noite ou jogando conversa fora num domingo qualquer. O Skype, e isso todo mundo sabe, aproximava pessoas e conosco não foi diferente. Nem posso imaginar se o Skype não existisse. Certamente nossa vida de pais com uma filha longe de casa seria quase insuportável. Skype aliviava, pelo menos temporariamente, a distância. E aí, onde entra a ratoeira afinal?

Filhos crescem, saem de casa e ficam independentes. Bom, esse é um bom sinal de que o trabalho dos pais foi bem feito, certo? Fala-se que temos que dar asas para os filhos voarem. Pois é, minha filha já voou. Longe, bonito e nos enche de orgulho. Com uma dupla formação, como economista e socióloga, e com um bom emprego, tornou-se praticamente independente aos 22 anos. Alugou um apartamento na nova cidade, negociou, mobiliou, contratou serviços básicos como internet, televisão a cabo etc. Enfim, sozinha, pôs a casa para funcionar. Quase sozinha, já que depois passou a dividir o apartamento com o namorado de longa data. A história está enrolando e nada da ratoeira...

Tudo tranquilo, vida independente até que... apareceu um rato no apartamento dela! Sim, um rato em Nova York! Quando pensamos em NY, nos lembramos da 5ª Avenida, da Estátua da Liberdade, do Central Park. Como assim, rato? Pois é, assim como São Paulo, cidades grandes, mesmo no Primeiro Mundo, sofrem do mesmo mal. Há ratos por lá também. Aquela menina, nossa filha, forte, poderosa e independente, ficou desesperada com um rato que quebra o romance da vida na Big Apple. Calma, estou quase chegando à ratoeira...

A independência dá lugar à fragilidade. A segurança se rende à raiva. Nossa filha precisava de nós de novo e por sorte estávamos por lá com ela passando uns dias. Melhor eu corrigir a frase, por sorte meu marido/pai da nossa filha estava por lá. Deixando de lado a valentia que a caracteriza, nossa filha quase pulou para o colo do pai pedindo ajuda para se livrar do rato (na verdade, acho que era um camundongo).

Ao invés de gastarmos os dias explorando lojas charmosas, como muitos brasileiros fazem quando estão em Nova York (e nós também, até então), pesquisamos onde comprar ratoeiras. Nada menos romântico, por um lado. Nada mais empolgante, por outro. Nos empenhamos na tarefa. Compramos várias ratoeiras e queijo para torná-la mais atraente ao pequeno animal que desafiava nossa filha, correndo pelo apartamento. Voltamos com ratoeiras em punho, meu marido armou-as com queijos bem posicionados e espalhamos todas pela casa. Era apenas esperar pelo ratinho; o apartamento virou um campo minado.

Menos de 24 horas e BANG, era uma vez um ratinho! Nossa filha já podia respirar tranquila: o pobre animal não mais a incomodaria. Ela, com seu bom coração de sempre, já estava penalizada pela morte precoce do ratinho. Nós, como pais, felizes por tê-la protegido. Afinal, missão cumprida. Bom, mas o que tudo isso tem a ver com o Skype?

De formas diferentes, uma bem digital e outra bem analógica, nos sentimos próximos de nossa filha. Pelas conversas pelo Skype ou armando ratoeiras para protegê-la, sentimos que, apesar da distância que nos separava, somos eternamente dependentes uns dos outros e estamos próximos, seja no mundo digital, seja na rudimentar tarefa de caçar ratos.

***

Filhos pequeninos, filhos grandinhos, filhos crescidos

Como mãe de crescidos, faço uma reflexão sobre essas três fases da vida, com todas as suas dificuldades e delícias

Certamente, nossa vida de equilibrista muda com o tempo. Quando nossos filhos são **pequeninos**, tudo é novidade e a insegurança toma conta de nós. Será que daremos conta? Será que vou ser boa mãe? Será que meu filho vai sentir minha falta quando eu estiver no trabalho? Ou será que eu vou resistir ficar tantas horas sem sentir aquele cheirinho?

Dia após dia, vamos acreditando que ser mãe e trabalhar fora é possível. Apesar de que há dias em que essa tarefa parece coisa para supermulher. Aos poucos, vamos nos ajeitando, nos adaptando, e pais e filhos vão criando uma rotina particular. Há dias mais tensos, dias com filhos doentinhos, dias de muito trabalho, dentro e fora de casa. Maridos que participam e dividem as tarefas (como o meu) e outros que nem tanto. Dias em que a babá falta ou a escola não terá aula e você tem que se virar porque o trabalho continua lá, firme e forte, sem descanso. Noites mal dormidas, dias intensos, emoção a todo instante. Todo dia é uma novidade e, ao acordar e ao dormir, não sabemos o que esperar.

Tudo pode acontecer. Desde o bebê dormir a noite toda e ficarmos até preocupadas com isso (será que está tudo bem?), até ficarmos acordando de hora em hora para "repor" a chupeta ou amamentar. Mas, como tudo passa, **filhos pequeninos ficam grandinhos**...

Já com saudades de quando eles eram pequeninos, agora **grandinhos** eles já se vestem sozinhos, têm amiguinhos, correm pela casa, pelo jardim, pelo mundo. Cadê aquele bebê quietinho que só ia aonde queríamos? Pois é, cresceu! Celebramos o crescimento, os apoiamos na natação e gerenciamos as vontades que agora vêm com um poder maior de persuasão. Eles querem, demandam e nos cobram.

Querem que estejamos com eles na hora da entrada na escola (e nem sempre podemos por conta do trabalho – calma, mais para frente eles vão querer você a um quarteirão de distância), gostam quando lemos livros na beira da cama e reclamam se pegamos muito no pé. Tem dia em que estamos cansadas, mas, mesmo assim, juntamos forças. Afinal, essa fase marca um momento especial (como muitos outros!) para eles e para nós. No corre-corre, entre lancheiras, condução, lição de casa, aulas de esportes, festinhas de amigos, temos ainda nosso trabalho, a vida do casal, a vida social e tudo mais.

Seguimos nossas vidas de equilibristas, encantadas com nossos filhos que agora já têm vontade própria, dominam o mundo, são **grandinhos**.

É, filhos crescem, ainda bem... E eles se tornam **crescidos** de verdade, já adolescentes, alguns adultos. Que saudades de quando eram grandinhos apenas. Não é porque cresceram que são menos nossos filhos. Aliás, acho que são ainda mais nossos queridos filhos. Tivemos mais tempo de nos conhecer, mais tempo de curtir, de brigar, de fazer as pazes e de nos apaixonar. Já sabem o que querem, mas algumas vezes não fazem a menor ideia para onde ir. Estamos ali para orientar e algumas vezes também nos perder, juntos. Sofremos com o medo de vê-los bater asas e vibramos com a independência deles. Quantas contradições!

Pois é, as noites eram para ser tranquilas, mas agora mal conseguimos fechar os olhos, preocupadas com as baladas. Ele ainda não chegou? Ai, que alívio quando a porta abre e finalmente pai e mãe podem acomodar a cabeça no travesseiro e relaxar. Afinal, no dia seguinte temos uma reunião bem cedo e chegar com olheiras não será um bom sinal. Agora o abraço dos meninos em nós é apertado, forte e intenso. As conversas com as filhas são animadas e cheias de detalhes, todos importantíssimos. O pai às vezes é o contraponto, com uma opinião que filho e filha param para ouvir. Outros dias é a mãe que tem o dom da voz.

Que delícia é para os pais e mães vê-los crescer e ver que se transformaram. Mais ou menos parecidos com o que sonhamos, não importa. O caminho é deles. Nossos filhos crescem...

Escrevi este texto num momento da minha vida em que já me considerava uma mãe que viveu essas três fases, intensamente. Meus filhos Beatriz e Gabriel, já no grupo dos "crescidos", viveram com todas as cores possíveis as fases que descrevi. Acho que daqui para a frente eles sempre serão meus filhos crescidos. Não consigo imaginar outro estágio, além desses, algo que vá além de um filho crescido. Viveremos para sempre essas contradições, o pegar e soltar, o querer vê-los soltos e o impulso de tê-los perto de nós. Filho é um pouco bumerangue: queremos lançá-los, mas também queremos tê-los de volta, mesmo que para um abraço apenas, uma caminhada no parque ou um papo à toa.

Mesmo quando tiverem 30, 40, 60 anos, serão sempre meus filhos amados e queridos. Intensos, como todos os filhos devem ser. Ainda bem!

***

Felicidade é o melhor presente

Segundo os autores de um livro publicado na Inglaterra, são sete os fatores que contribuem para que as crianças desfrutem de uma vida boa

Inspirada por uma celebração do Dia das Crianças, me peguei refletindo sobre o que, de fato, nossos filhos gostariam de receber de presente de nós, seus pais. Além de bicicleta, videogame, uma roupa ou boneca nova, o que nossos filhos realmente nos pedem?

Em minhas buscas pelas respostas, encontrei um título publicado na Inglaterra, *A Good Childhood*, de Richard Layard e Judy Dunn, no qual os autores trazem dados sobre uma pesquisa realizada com crianças e jovens no Reino Unido entre 1974 e 2006.

O que o estudo revela de interessante é a resposta que eles obtiveram a uma pergunta relacionada à felicidade dos jovens: "como você se sente em relação à sua vida como um todo"? Entre as crianças que responderam à pesquisa, 70% se sentem bem felizes. Os autores concluem que esses números mostram um cenário positivo.

Mas o que gostei muito na análise que os autores fizeram foram os fatores que levantaram como necessários para que as crianças desfrutem de uma vida boa. São sete os elementos desejados:

1. Famílias que deem amor.
2. Amigos.
3. Estilo de vida positivo.
4. Valores sólidos.
5. Boas escolas.
6. Saúde.
7. Dinheiro suficiente.

Para atingir esses sete desejos fundamentais das crianças, o estudo destaca que a vida começa na família e, do ponto de vista das crianças, uma família afetiva é a chave para o início de uma vida saudável.

A principal conclusão do livro é a de que podemos fazer um mundo melhor para nossos filhos a partir de três palavras: **amor, respeito e evidências** (ou seja, demonstrar que os amamos e respeitamos através de nossas atitudes no dia a dia). Simples assim!?

Ao ler essas dicas dos autores desse livro inglês, este trio de requisitos me parece óbvio. Mas nosso dia a dia é bem mais difícil do que as teorias aparentam ser. De um jeito ou de outro, vale recordar que, no fundo, o melhor presente de Dia das Crianças que podemos dar aos nossos filhos é o respeito absoluto sobre esses sete temas. O presente que eles querem, de verdade, é nossa fidelidade a esses princípios. E, se por acaso eles vierem embalados num videogame, numa boneca nova, pode ser ainda mais divertido.

***

A busca da perfeição: uma grande armadilha

É comum na parentalidade a autocobrança por um ideal que não existe. Mas isso traz consequências sérias para pais e filhos

A sociedade em que vivemos, como bem coloca o filósofo coreano Byung-Chul Han, prioriza o desempenho, a performance, a superação, seja a que preço for. E assim chegamos esbaforidos ao que ele chama de "sociedade do cansaço", termo que dá nome a um de seus livros (do qual, aliás, recomendo muito a leitura). Não preciso esticar muito para chegar ao ponto que quero discutir neste texto: o fato é que essa busca incessante por desempenho impacta muito nossas vidas como pais e mães e, pior, a vida presente e futura de nossos filhos. Queremos ser os melhores pais, os mais completos, os mais perfeitos e colocamos a nós mesmos e aos nossos filhos numa grande armadilha. E por quê?

O porquê, confesso que aprendi a duras penas, ao longo de minha jornada como mãe equilibrista. Para que eu me sentisse plenamente uma mãe perfeita, precisava ter do meu lado filhos também perfeitos. Em outras palavras, para me ver como uma mãe perfeita, eu preciso da prova final: ser capaz de criar filhos perfeitos. A equação é simples, apenas sou perfeita se meus filhos também são. Qualquer sinal de que meus filhos não correspondem a essa expectativa coloca em xeque a minha própria identidade de mãe perfeita (ou não perfeita). O raciocínio parece simples. Por vezes, quando tento raciocinar friamente (se é que mães conseguem), chega a parecer até absurdo, mas, acreditem, esse modo de pensar me acompanhou por muito tempo e precisei de muita terapia e autorreflexão para me livrar dele. De vez em quando, ainda dou umas patinadas e me vejo presa novamente na armadilha da mãe perfeita.

A meu ver, essa ideia de mãe/pai perfeitos tem pelo menos duas consequências desastrosas:

1. A primeira é a responsabilidade que depositamos em nossos filhos para se moldarem aos nossos conceitos de perfeição. Será que aquilo que imaginamos que seja um filho perfeito é aquilo que nossos filhos esperam para eles? Ao definir perfeição a partir de nossos olhos, não estamos limitando o espaço de expressão dos filhos e colocando nossa régua como medida exata, estreita e única? Refiro-me ao peso que transferimos a nossos filhos para que eles carreguem o projeto de perfeição que está na cabeça dos pais, e que não necessariamente espelha o que eles querem.

2. A outra consequência tem a ver com o controle que precisamos exercer para que essa rota da perfeição aconteça. Para que a perfeição seja plena, é preciso estar o tempo todo monitorando e garantindo que tudo esteja correndo como o planejado dentro do plano perfeito. Seja com filhos pequenos ou com grandes, é ilusório ou mesmo onipotente de nossa parte acharmos que controlamos nossos filhos. Podemos dar as linhas gerais, inspirar, ensinar e tudo mais que pais e mães com boa intenção fazem no dia a dia para educar e criar filhos saudáveis e felizes. Apesar de esse controle estar muito além de nossa capacidade, nem por isso abrimos mão

dele quando temos em mente a perfeição. Já tentaram controlar a que horas um bebê recém-nascido quer mamar? Ou qual profissão um filho vai ter? Ou com que idade ele/ela irá se alfabetizar?

Minha conclusão é muito simples – vamos nos esquecer de uma vez por todas essa busca pela maternidade ou paternidade perfeita. Seja porque a perfeição não depende apenas do pai ou da mãe, seja porque ela é muito danosa para todos os lados. Que a ambição de sermos bons pais e mães possa ser nosso farol, com seus claros e escuros, mas jamais uma prisão, nem para nós, nem para nossos filhos.

***

Mãe-monstro

O mito da mãe e profissional perfeita torna os nossos dias pesados, como se estivéssemos sempre em débito diante de um ideal inatingível

Os filhos dela dormem a noite toda, escovam os dentes quatro vezes ao dia e não precisa nem pedir. Comem apenas comidas saudáveis, na hora certa, zero de gorduras ou doces, muito menos comidas processadas. Na escola, são impecáveis e exemplos de bons alunos, dentro e fora da sala de aula. Ela é brilhante na carreira, dá conta de tudo e viaja a trabalho. Nunca tem um fio de cabelo fora do lugar e se veste sempre adequadamente. Desfruta de um casamento feliz, sexo fenomenal e tem um marido que é o máximo, supercompanheiro e atencioso com os filhos. Ah, quase me esqueci, ela também tem as unhas sempre bem feitas, com esmalte brilhando (nada daquelas unhas meio lascadas, isso jamais!). Faz academia e cozinha superbem. Ainda por cima, é prendada e no Dia dos Professores produz incríveis presentes, todos feitos por ela, um a um. No Natal, sua casa é um encanto: luzes, estrelas, renas e guirlanda enfeitando o jardim e a fachada, causando *frisson* na vizinhança.

Alguém a conhece? Nem de ouvir falar? Eu não a conheço pessoalmente, mas sinto que há anos ela é uma velha conhecida, uma figura muito presente em minha vida, passando de geração em geração. Ela não tem nacionalidade e poderia ser uma *hermana* argentina ou uma gringa. Essa mulher fala muitas línguas! Creio que ela apareceu em minha vida, sorrateiramente, no minuto em que descobri que estava grávida da Beatriz, há muitos anos e não desgrudou de mim também quando fui mãe do Gabriel. Hoje, não sei por quanto tempo ela ainda irá me perseguir.

Se ligo a TV, ela está lá, ao vivo e em cores, espalhando seu modo de ser. Se folheio uma revista ou leio um texto num *blog*, lá está ela de novo. No cinema, ela aparece em várias situações, em vários locais e em diferentes climas. Não consigo me livrar dela, mesmo tentando fervorosamente. Mas tem dias em que ela é mais presente, em outros está mais calma. Agora deu para me acompanhar até no Facebook, Instagram e Pinterest. *Posts*, fotos e *pins* que me lembram de sua presença.

Ela nos julga e nós a julgamos em troca. Até quando vamos ficar presas a ela? Ou, pelo menos, como podemos nos desligar dela em alguns momentos e viver sem essa sombra que nos atormenta em nossos papéis de mães? Ela existe ou é uma ficção de nossas cabeças culpadas? Quem foi que criou essa "super-mãe-monstro"?

Também não tenho todas as respostas: a única certeza que tenho é a de que nunca conheci uma mãe assim, em carne e osso. Talvez ela exista numa terra distante, longe do nosso alcance. É mais provável que ela seja um mito que criamos e alimentamos todos os dias. Um mito que, em vez de nos ajudar, é terrível para nossa autoestima. Comparando-nos com ela, sempre estamos no débito. O mito da boa-mãe, como gosto de chamar, é uma pedra no nosso caminho. Criamos um monstro assustador para nós mesmas. Perfeição só combina com gente "de mentira", coisa para extraterrestres. Não se encaixa na forma de gente "de verdade".

Enfim, sugiro deixarmos os mitos para os contos de fadas e viver a maternidade plena. Todas as mães que conheço são boas e más ao mesmo tempo, falham e acertam num mesmo dia, gritam e acariciam, amam e odeiam. Ainda bem! Imperfeição é o que dá graça e colorido à maternidade!

***

Milho de pipoca

Alguns 'fogos' dos meus filhos eu apagaria quantas vezes fosse necessário; outros, deveria ter deixado por conta deles

> *Milho de pipoca que não passa pelo fogo continua a ser milho de pipoca, para sempre. Assim acontece com a gente. As grandes transformações acontecem quando passamos pelo fogo. Quem não passa pelo fogo fica do mesmo jeito, a vida inteira.*

O trecho acima vem das sábias palavras de Rubem Alves[11], que nos provocam a pensar sobre a relação com nossos filhos.

Quantas vezes já **apagamos o fogo** para que nada de ruim acontecesse com eles? Ao olhar para minha própria trajetória como mãe, apaguei, sim, muitos fogos da Beatriz e do Gabriel, meus filhos. Alguns, apagaria quantas vezes fosse necessário; outros, hoje olhando com distanciamento, deveria ter deixado por conta deles. Na ansiedade de resolver por eles, me precipitei, achando que estava agindo pelo bem deles. Hoje, já não tenho certeza.

---
11. Extraído do conto "A pipoca", de Rubem Alves, em *O amor que acende a lua*, Editora Papirus, 2011.

Por sorte e por competência dos dois, tornaram-se adultos, cresceram e me orgulham demais, superaram qualquer erro meu e conseguiram fazer o milho virar pipoca. Mas revisar depois o que deveríamos ter feito é como ser engenheiro de obra feita, facinho. Na hora do "vamos ver" é que a coisa se complica e não temos a maturidade e a frieza para deixar **o circo pegar fogo.**

Numa breve exploração que fiz sobre como se compreende o fogo, encontro sempre uma ambiguidade no conceito, seja no cristianismo, no budismo ou na psicologia. Fogo como aquilo que purifica, renasce, constrói e, ao mesmo tempo, que destrói, aniquila e extingue.

Enquanto escrevo, também me dou conta de quantos provérbios ou expressões temos que envolvem o fogo, a maioria deles apontando alguma ameaça, intuição ou ousadia: "**com fogo não se brinca**", "**onde há fumaça, há fogo**", "**fogo de palha**", entre outros. O interessante é que o fogo, mesmo que ele traga os dois polos, a vida e a morte, fica na maior parte das vezes mais apegado ao polo da destruição.

Bom, voltando às nossas vidas como pais e mães, acho que é um pouco isso o que acontece. Conscientemente ou não, vamos evitando que nossos filhos se queimem, ops, se frustrem, tenham que lidar com as **brasas da vida**. Pois é, no **calor do momento**, pais e mães adiam a possibilidade de os filhos experimentarem as dores da vida, as dificuldades, desde as menorzinhas até as grandonas.

A provocação que trago aqui é: será que uma **queimadinha** de vez em quando não é exatamente o que nossos filhos precisam para crescer e amadurecer? Minha resposta é um sonoro sim. Eu **ponho minha mão no fogo** de que essa é a única resposta possível caso queiramos ver nossos filhos crescer com autonomia, segurança e confiantes de si.

É fazendo eles passarem por essa transformação de milho para pipoca que cumpriremos nosso papel de forma mais plena. Não há crescimento sem dor, por mais difícil que seja para nós, pais. Deixá-los se **queimarem** de forma amparada, claro, é o que precisamos proporcionar aos nossos filhos. Eles precisam e merecem isso de nós.

Nunca é demais repetir a inspiração vinda de Rubem Alves, "quem não passa pelo fogo, fica do mesmo jeito, a vida inteira". Se queremos transformação, que possamos ter a coragem de permitir que nossos filhos virem pipoca!

***

Nossos filhos

Na nova ordem contemporânea vivida por eles, integração, equilíbrio e qualidade de vida são palavras-chave

Falar dos nossos filhos nunca é uma tarefa fácil. Ao relatar as histórias relacionadas a filhos, confesso que me embaralho entre retratar as crianças e jovens em geral e pensar nos meus próprios filhos. Sou escritora e mãe ao mesmo tempo. Tudo se mistura e se confunde, mas, por outro lado, enriquece o meu olhar.

Enquanto escrevo, em algumas horas acho que a rotina, o comportamento ou a atitude do meu marido e a minha em relação a nossos filhos apontava para a direção correta. Em outros momentos, me critico e acho que ainda falta aparar muitas arestas. Tenho altos e baixos em minha própria autoavaliação de mãe que trabalha fora e concilia múltiplos pratinhos.

Refletindo um pouco mais, vejo que educar filhos é isso mesmo: oscilar entre grandes certezas e enormes dúvidas. E olha que, às vezes, todas elas teimam em se concentrar nas mesmas 24 horas!

Não é diferente quando penso sobre como o casal equilibrista atual –

com pai e mãe trabalhando fora de casa – está lidando com a educação dos filhos. Tudo é novo, para os pais e para os filhos.

A geração da qual faço parte, em geral, não teve modelos de pai e mãe que trabalhavam fora. Me incluo nessa geração que está aprendendo a desenvolver um novo modelo de paternidade e maternidade, que estreou com o beabá dos pais equilibristas. Fica claro que estamos ensaiando com eles uma nova história.

Obviamente, os pais dessa geração desejam e se empenham ao máximo para proporcionar uma história com final feliz. Nossos filhos são cobaias, feliz ou infelizmente. Ainda vacilamos em coisas primárias, como o eterno dilema da qualidade das horas dedicadas a eles *versus* a quantidade de horas.

Será que bastam boas horas com os filhos, mesmo que sejam horas reduzidas durante a semana? Não sei. Será que esse corre-corre que vivemos traz para eles uma inspiração positiva ou negativa? Tenho dúvidas. Será que oferecer múltiplas atividades e experiências para nossos filhos é um bem que fazemos a eles ou apenas uma sobrecarga exagerada baseada em nossas expectativas para eles no futuro? Também vacilo para responder...

Vivemos um momento de profunda transformação social. Quase tudo o que sabíamos ou as certezas que tínhamos estão sendo questionadas. Algumas permanecerão, outras se extinguirão. A velocidade dessas transformações é muito acelerada, o ritmo ditado é frenético e nem sempre conseguimos acompanhá-lo.

Na nova ordem contemporânea – já vivida por nossos filhos –, integração, equilíbrio e qualidade de vida são palavras-chave. Todos perseguem a integração de papéis, com pai e mãe dividindo responsabilidades sobre os filhos, o equilíbrio entre família, trabalho e lazer e uma qualidade de vida aceitável.

No papel, esse trinômio "trabalho – família – lazer" parece fácil, mas as metas estipuladas por nossos filhos são ambiciosas, embora, a meu ver, muito positivas. Eles vivem em um mundo que aponta desafios e oportunidades suficientes para garantir sonhos de longo prazo. Certamente eles confiam muito mais no futuro do que nós. Os projetos deles estão aí para serem conquistados, e não apenas para serem contemplados. A nós resta apoiar, torcer e acreditar que estamos, juntos, no caminho certo!

***

Filhos crescem, e nós também!

Nossas vidas de equilibrista, conciliando múltiplos pratinhos, nos fazem ficar melhores

Muitas vezes tomamos um susto ao ver como nossos filhos crescem rapidamente!

Parece que foi ontem que eles nasceram.

Parece que foi ontem que deram os primeiros passos.

Parece que foi ontem que começaram a falar as primeiras palavras ou a frequentar a escolinha.

Num piscar de olhos, minha filha já estava formada e meu filho iniciava sua carreira universitária. Sim, tudo parece que aconteceu há poucos minutos, poucas horas, poucos dias, poucos anos. Sim, nossos filhos crescem muito rápido, disso ninguém duvida. Meus bebês são gente grande agora!

Mas, se por um lado podemos olhar para tudo isso com uma certa tristeza e nostalgia, há também um outro lado que deveria nos encher de orgulho e satisfação. Junto com o crescimento de nossos filhos, nós também crescemos. Crescemos como pais, crescemos como mães e crescemos como seres humanos. Ouso dizer que, inclusive, crescemos como profissionais. Nossas vidas de equilibristas, conciliando múltiplos pratinhos, nos fazem ficar melhores. Mais organizados, mais produtivos e mais conscientes de nossas forças e fraquezas.

Certamente, nos tornamos pessoas mais completas. Mais conscientes de nossas limitações e de todo o nosso potencial. Fazemos coisas como pais e mães que achávamos que seria impossível. Nossos filhos crescem e nós também crescemos.

Basta lembrar como hoje lidamos com muita facilidade com coisas que no início pareciam de outro mundo. Pensem na primeira vez em que trocamos fraldas ou demos banho no bebê. Era assustador, não era? Hoje, alguns de vocês já repetiram essa atividade tantas vezes que o que gerava pavor é uma rotina quase banal.

Quando olho todos estes anos que se passaram desde que me tornei mãe, agora já há mais de duas décadas, vejo quantos momentos de alegria, culpa, euforia, apreensão, ansiedade e felicidade vivi. Tudo junto e misturado. Todos intensos, certamente. Todos de muito aprendizado também. Que bom que nossos filhos cresceram. Que bom que nós também crescemos.

CAPÍTULO 5

EQUILIBRISMO PELAS LENTES CONTEMPORÂNEAS

A equidade entre os sexos ainda é uma das discussões centrais, seja no mundo corporativo ou na forma como exercemos a paternidade. Gerenciar bem a vida de equilibristas exige compartilhar muitas tarefas, mas isso ainda não acontece na prática da maioria dos casais. E as empresas também estão longe de dar condições de carreira a quem escolhe ter filhos.

Mãe é tudo igual?

Conforme muda o país, também muda o estereótipo da mãe e isso me fez imaginar os estilos de maternidade que combinam com a brasileira

A cada Dia das Mães, além de comemorar muito o dia, aproveito a oportunidade para pensar no assunto. Numa dessas vezes, fiquei com um provérbio na cabeça e pensei bastante sobre ele: "Mãe é tudo igual, só muda de endereço!". Quem já não escutou essa frase? Acho que todas nós já a ouvimos muito, desde que somos filhas e ainda mais quando viramos mães. E, na maioria das vezes, vestimos a carapuça e nos vemos mesmo como muito parecidas e isso até nos proporciona algum conforto, por não estarmos sozinhas em nossos dramas, medos e curiosidades. Afinal, mãe é mãe, certo?

Pois é, eu também achava isso, ou melhor, continuo achando. Porém, lendo (ou tentando ler) um jornal italiano, deparei com uma curiosa classificação de "tipos" de mães. Na verdade, são tipos variados de mães que povoam diferentes países. Assim, apesar de compartilharem muitos sentimentos relacionados à maternidade, trazem uma "lente" própria para vivenciar o papel de mãe. Divido aqui com vocês os tipos de mães compartilhados por esse artigo.[12]

Mãe italiana: é a **mãe que "choca" os filhos**, fica com eles embaixo de suas asas o tempo todo. Tem uma enorme preocupação com alimentação, mais do que outras mães. É afetuosa, protetora e se ocupa quase integralmente deles.

Mãe francesa: é a **mãe descontraída**, que dá mais liberdade aos filhos, deixando-os mais livres para brincar. Não fica obcecada e nem cria expectativas exageradas em relação a eles. Nada adepta de *junk food*.

---

[12]. Infelizmente, não encontrei o artigo mencionado, que li na época em que escrevi a versão original deste texto. Por isso, não consegui incluir aqui a referência ao autor, ao jornal e à data em que foi publicado.

Mãe chinesa: é a **mãe tigre**, proíbe televisão e videogame, impõe aulas de música, preferencialmente de violino e piano. Mantém uma forte pressão em cima dos filhos.

Mãe inglesa: é a **mãe silenciosa**, passando a maior parte do tempo sem falar muito. Não repete continuamente as ordens e nem confere aos filhos um *status* especial na família.

Mãe norte-americana: é a **mãe neurótica**, que tem medo de tudo. Quer vigiar todos os passos do bebê, muito atenta a germes e bactérias, e é mais liberada na alimentação.

E nós, **mães brasileiras**, quem somos? Como somos? Isso o jornal italiano não revelou e aí é que começou minha inquietação. Apesar de sermos todas iguais e de saber que mãe é mãe, nosso endereço é outro e, portanto, devemos ter traços próprios da maternidade brasileira.

Não vou me furtar a dar a minha visão da mãe brasileira, sem achar que esta seja definitiva. Pensando nisso, não consegui chegar a apenas um tipo de mãe brasileira.

Para mim, a mãe brasileira pode ser a **mãe insegura**, aquela que adora ouvir a opinião de todos para decidir o que é melhor para seus filhos. Também pode ser a **mãe amiga**, aquela que estabelece uma relação de igual para igual com os filhos, com uma hierarquia menos rígida e com limites mais elásticos. Ou ainda a **mãe culpada**, com um sentimento de culpa sempre em alta, mesmo que seja bastante presente no dia a dia dos filhos. Ela sente que está devendo alguma coisa aos filhos e busca formas de "compensar" essa culpa. Tem ainda a **mãe perfeita**, a que se cobra para sempre para tirar nota 10 em tudo, quer ser a mais perfeita possível, muitas vezes gerando um enorme estresse para atingir esse objetivo. Mas nem assim desiste de buscar a perfeição na maternidade.

Americanas, chinesas, francesas e brasileiras. Todas mães. Tenho certeza de que, cada uma a seu modo, querem ver seus filhos saudáveis e felizes. Nesse ponto não há dúvidas: mãe é tudo igual. Mas nossos endereços, o lugar onde nascemos ou fomos criadas, trazem uma lente particular sobre a maternidade. Ou seja, nosso endereço conta, e muito. Ouso assim sugerir um ligeiro ajuste no ditado popular e propor uma revisão: **"mãe é tudo igual, mas o endereço faz muita diferença!"**

***

Maternidade global: mães brasileiras, mães norte-americanas

Entre diferenças e semelhanças que observei na minha temporada nos Estados Unidos, percebi que mãe é mãe, não importa o passaporte

Em 2014, tive a rica experiência de, por um tempo, viver com minha família nos Estados Unidos onde me dediquei a um mestrado em Women's Studies (uma área dedicada a explorar temas relacionados aos gêneros). Lá vivi uma vida de estudante combinada com vida de mãe e profissional com a possibilidade de tocar a carreira com o apoio da tecnologia. Mas, além de todos esses papéis (ou talvez por causa deles) o que mais fiz por lá foi observar a vida das pessoas para entender o jeito de viver norte-americano. E, por incrível que pareça, observar me fez entender ainda mais quem somos nós, os brasileiros.

Nessa vida de *voyeur* na terra do Tio Sam, o que mais me chamou a atenção foi observar como as mulheres vivem a maternidade por lá e de que forma a mãe norte-americana é diferente da nossa forma brasileira de ser mãe. Divido com vocês um pouco das observações com essa "espionagem".

1. Mães norte-americanas não têm licença maternidade! É verdade, um país superdesenvolvido não oferece nenhum apoio legal para

que as mães que trabalham fora possam dedicar um tempo ao bebê. Algumas empresas, por iniciativa própria, concedem algumas semanas, mas isso não é regra, e muito menos lei. Diferentemente das brasileiras, que contam com o apoio da lei e desfrutam de 4 a 6 meses de licença remunerada, dependendo de onde trabalham.

2. Mães norte-americanas têm mil apetrechos e produtos de todos os tipos para educar, cuidar e gerenciar a vida dos filhos. Basta observar uma mãe norte-americana sair com o filho para passear para ver o número de itens que elas têm que, de uma forma ou de outra, dão uma mão: cadeirões portáteis que se acoplam a mesas de restaurante ou a mesas de piquenique no meio de um parque; dezenas de opções de lanchinhos saudáveis, de todos os sabores e formatos; carrinhos de bebê em modelos para todos os gostos e número de filhos. Tudo isso a preços acessíveis à maior parte da população.

3. Mães norte-americanas são maníacas por gel antisséptico. Carregam no carro, pendurados na bolsa, na mochila das crianças e não perdem uma chance de despejar umas gotinhas para não correr riscos. Vejo muitas mães brasileiras com filhos pequenos também adotarem tal hábito, mas não na mesma intensidade que por lá[13].

4. Mães norte-americanas se voluntariam para tudo. Na escola, na igreja, no bairro, no condomínio. Basta ter uma chamada que elas estão presentes. Acho isso bem bacana. Essa integração das mães norte-americanas com a comunidade é muito forte e vejo ainda de forma bem pontual essa vocação nas mães brasileiras.

5. Mães norte-americanas são mães-canguru. Como por lá não existe a figura da babá, apenas *babysitters* que cobram valores bem altos por hora, é comum que as mães carreguem os filhos para todos os lugares. Mesmo que seja apenas para colocar o lixo para fora de casa, lá está a criança carregada no colo e na outra mão da mãe o

---

13. Quando escrevi este texto, em 2014, bem antes da pandemia da Covid-19, o uso de álcool em gel ainda não era hábito no Brasil.

saco de lixo. No Brasil, muitas famílias de classe média para cima contam com babás que dividem com as mães algumas tarefas.

Mas, no fundo, o que observei nessa minha vivência por lá, apesar dessas aparentes diferenças, é que somos muito mais parecidas do que imaginamos à primeira vista...

1. Vibramos loucamente por um filho na beira de um campo de futebol, seja a "pelada" da escola, seja o jogo de futebol americano. A emoção da mãe-torcedora é a mesma.
2. Somos igualmente cheias de culpas; sempre achamos que poderíamos ter feito diferente ou melhor. A conta está no "vermelho" para ambas, mesmo que nada de concreto mostre isso: sempre as mães sentem que não estão tão presentes, que o bolo dessa vez não deu certo e que a mãe do amigo é mais legal.
3. Perdemos o sono na mesma intensidade. Lá e cá mães ficam virando na cama quando algo na vida dos filhos é motivo de preocupação. Pode ser um resfriado, uma primeira excursão da escola ou uma nota baixa na prova.
4. Por falar em excursão de escola, dar tchau na hora do ônibus sair é universal. Uma fila de mães à espera da partida do ônibus, com olhares fixos nas janelinhas buscando o tchau do filho, que nem sempre vem. Lá e cá, filhos, muitas vezes antes de o ônibus sair, já estão entretidos com os amigos e se esquecem de dar o tchau para as mães, para frustração de todas, brasileiras e norte-americanas.
5. Ávidas consumidoras de informações, brasileiras e norte-americanas trocam dicas sobre a maternidade, leem muito e não perdem uma chance de compartilhar sua experiência como mãe criando *blogs* e mais *blogs*. No Brasil e EUA há *blogs* de mães de todos os jeitos, cores e formatos.

Pois é, minha iniciativa de espiã começou buscando diferenças, afinal, somos tão diferentes! Mas, para minha surpresa, o que descobri é que nossa identidade como mães nos torna muito parecidas em nossa essência. Compartilhamos sentimentos que nos unem como mães mesmo que os instrumentos para esse exercício possam ser distintos.

Relendo a lista de itens que anotei aqui, os primeiros cinco itens que apontam as diferenças se relacionam a "coisas que podem ser compradas", em sua maioria. Isso é inegável: a oferta de produtos nos Estados Unidos faz a mãe norte-americana ser muito diferente da brasileira. Por outro lado, os cinco itens que expressam as semelhanças retratam a essência da maternidade, algo muito mais profundo e universal. Falo aqui de sentimentos que vivenciamos como mães e que são muito mais fortes do que qualquer diferença geográfica.

Fico feliz com a conclusão de que "mãe é mãe" e pouco importa o passaporte. A maternidade também é globalizada.

***

Receita de Equilibrismo

Já se passou mais de meio século e ainda buscamos uma receita ideal

Em 9 de março de 1960, no *Correio da Manhã*, nossa querida Clarice Lispector escreveu:

> Há muitas receitas para um matrimônio feliz, como há inúmeras receitas para um mesmo tipo de bolo, de torta ou pudim. Os ingredientes variam apenas para que a uniformidade não se transforme em rotina. Esta receita tem como pontos principais dois ingredientes: o desejo de acertar e a noção falsa de felicidade.

Já se passaram mais de 60 anos desde que Clarice escreveu essas palavras para as mulheres, junto com tantas outras que inspiraram muita gente. O que continua válido nesse texto, aos olhos de hoje, quando olhamos para o casamento? E, principalmente, quando pensamos como cada casal tem se organizado para dar conta do gerenciamento da casa e da educação da família? Ou, em outras palavras, qual é hoje a receita da vida de equilibrista, pensando como um casal que cuida da casa e dos filhos?

De lá para cá, muita coisa mudou. Mas a busca da receita "ideal" segue nos perseguindo. Aliás, o nome "receita" já indica a suposição de uma única direção, implica seguir passo a passo e esperar uma solução semelhante todas as vezes. Pois é, talvez o problema hoje de tantos casais patinando na vida de equilibrista resida exatamente nisso. Não há receita. Não há um único caminho. Não há um jeito certo. Aliás, parece que desde 1960 isso é verdadeiro, pois Clarice já fazia esse alerta. Mesmo assim, há a insistência de muitos casais em busca da receita ideal para equilibrar a divisão de tarefas, as responsabilidades, o que cada um deve fazer para chegar ao ponto ideal. Será que existe?

Certamente não. Por isso, costumo dizer que não adianta recorrer a fórmulas, tampouco olhar para como a prima e o marido se organizam, muito menos pensar numa divisão que seja apenas quantitativa, ao que chamo de simplismo do meio a meio. Sempre penso que a melhor "receita", mesmo não acreditando que ela exista, seja pensar na melhor solução para o que defino como **equilibrismo inteligente**. O que é isso? Vamos pensar num casal, na casa, nos filhos e em todas as atividades que precisam ser feitas todos os dias para que a vida siga bem e flua sem grandes transtornos. Quem deve fazer o quê?

É aí que entra a inteligência, e nada tem a ver com apenas olhar para uma divisão matemática das tarefas entre o casal. Quem faz o quê passa por definir quais são as prioridades, aquilo que não pode ser postergado e, mais do que tudo, quem é melhor em quê, quem tem mais prazer em quê, quem se sente mais à vontade para o quê? A lista do que fazer precisa passar por esse filtro em primeiríssimo lugar. Se um dos membros do casal gosta de lavar louça, perfeito. Deixe a louça para ele. Se o outro adora preparar comida, feito, já temos quem ocupe essa função. Não vamos pensar na contabilidade das horas, se lavar a louça equivale a fazer comida. Isso tem muito menos valor do que achar tarefas para cada um, verdadeiramente compartilhando as responsabilidades, sem se preocupar tanto com a soma exata e igualitária das horas.

Essa é a receita em que eu acredito. Que cada casal encontre a sua, com menos contabilidade e com mais inteligência; com menos matemática e com mais prazer. No fim das contas, o que importa é que todas as responsabilidades da casa estarão supridas pela pessoa que mais tem afinidade com aquela tarefa. Uma receita sem passo a passo pré-definido, com ingredientes que se alternam, com a criatividade e inteligência de cada casal.

Para terminar, mais uma vez recorro à Clarice, que no mesmo texto diz: "*A felicidade, para ser conseguida, precisa ser duramente perseguida, atraída por dezenas de modos e meios*". Sim, Clarice, o equilibrismo inteligente tem muitas formas. Resta a cada um de nós descobrir qual é nossa receita, que certamente não tem ingredientes definidos e pode variar conforme as preferências e necessidades de cada um.

***

O que o yoga me ensinou sobre minha vida de equilibrista

Nem sempre dá para alcançar o máximo. O importante é fazer o seu melhor e respeitar seus limites. Erros e acertos fazem parte do caminho

Inspira, expira, mão direita na perna esquerda, barriga na coxa e ombros longe das orelhas. Dedos dos pés afastados, coxas sempre ativadas. Cachorro olhando para baixo, árvore, golfinho ou pavão. Movimentos, posturas e referências à fauna e à flora exigem muito suor, força e concentração. Como diz minha querida professora de yoga, Marina Fuess, mais importante do que a perfeição da posição é sua intenção em chegar lá. O foco é se visualizar conseguindo, mentalizar a posição perfeita.

As sábias palavras da Marina me inspiram a pensar na vida muito além do tapetinho. Ela costuma dizer que é como se aquele espaço, de menos de 2 metros quadrados, fosse um laboratório para a vida. Para mim, há alguns, mas nem tantos, anos como praticante de yoga, talvez um campo experimental para me desafiar e saber lidar com meus limites.

Afinal, o que yoga e vida de equilibrista têm em comum? Tudo!

A começar por nossa busca incessante, com multitarefas que temos, de acreditar que damos conta de tudo e que a perfeição existe. Assim como na prática de yoga, aprendi que não há maternidade nem paternidade perfeitas. O que vale é visualizarmos a perfeição e sabermos quais são nossos limites.

Mesmo que eu não tenha força suficiente para a pose do pavão, postura que meu filho Gabriel faz com facilidade, mentalizo a possibilidade da pose perfeita e respiro com tranquilidade sabendo até onde chego. Talvez um dia eu consiga, talvez não. E tudo bem. Respeitar seu corpo é ter consciência de seus limites, é se pautar pelo possível, e não por aquilo que o manual definiu.

Volto para a maternidade. Quantas vezes não olhamos para uma amiga com alguma inveja por algo que ela faz em relação aos filhos que nós não fazemos da mesma forma e, em nossa visão – errônea diga-se de passagem –, fazemos de forma imperfeita?

Certo dia, ouvi o relato de uma amiga que estava desesperada. No grupo de WhatsApp das mães da creche, todas se vangloriavam de amamentar para além dos 12 meses e ela estava exausta após 6 meses dando o peito. Que mãe horrível e imperfeita ela estava se sentindo!

Uma outra me revelou, quase como uma confissão, sua impaciência para ler histórias de ninar para o filho, sendo que todos os especialistas dizem que isso é essencial para criar um futuro leitor. Mas para essa mãe, o presente dela não permitia que ela lesse histórias ao filho. Seria ela uma mãe imperfeita por isso?

É comum vermos no outro a perfeição e nos julgarmos a partir dessa referência. Como diz o provérbio, a grama do vizinho sempre é mais verde. Será mesmo?

Como equilibristas, mãe, pai e profissionais, sempre queremos dar conta de tudo, muitas vezes indo além do razoável, do que seria a medida de nossos limites. O resultado, podemos ver no número de pessoas esgotadas, com vários indicadores que comprometem mente e corpo. Basta um olhar à nossa volta, e até para nós mesmos, que veremos com frequência queixas de cansaço, insônia, falta ou excesso de apetite, energia em baixa.

Volto para o yoga. Se no tapete conseguimos respeitar nossos limites como sinais da voz de nosso corpo, por que em nossas vidas fora dele não aplicamos cotidianamente a mesma sabedoria? Por que somos surdos ao que sentimos e agimos como um rebanho cego? Por que não nos inspiramos no equilíbrio que o yoga proporciona para termos uma vida mais equilibrada?

Em minha visão, trata-se da necessidade de ressignificar o perfeito. Não mais vê-lo como um ideal inatingível, mas como o melhor possível de cada um.

A ideia de uma única perfeição é limitante, é o que nos impede de apreciar o momento, aproveitar para reconhecer nossos limites e poder ver valor nessa descoberta. Não existe perfeição em tamanho único ou, como se diz em inglês, a perfeição não é *one size fits all*. Ao longo das práticas de yoga, vejo que, de fato, o tapete é mínimo diante das lições que tiro dele. Que possamos ter lucidez para entender que há dias em que não existe melhor lugar no mundo do que a postura da criança (a posição do yoga para a qual podemos sempre voltar quando estamos cansados), e tudo bem. Afinal, amanhã, podemos ser o guerreiro de novo.

Namastê.

***

Famosas, equilibristas e admiradas

Mesmo com filhos já crescidos, Fátima Bernardes segue reconhecida pelas brasileiras como uma mulher que dá conta da carreira e dos trigêmeos

Para escrever meu primeiro livro sobre a vida de equilibrista, em 2007, desenvolvi um projeto de pesquisa específico para coletar percepções que servissem de base para a publicação. Fiquei frente a frente com várias mães e aprendi bastante com elas. Queria viver um pouco das rodinhas de bate-papo, fofocar, rir e chorar junto com as equilibristas. Foi o máximo! Intensos momentos compartilhando alegrias, angústias e realizações.

Doze anos depois, repeti a parte quantitativa do levantamento, via internet. Ao todo, coletei as respostas de 1.300 mães que trabalham fora (foram 800 em 2007 e 500 em 2019). Mas nesse ano incluí também os pais! Foi maravilhoso ler os depoimentos de pessoas de diferentes partes do Brasil e, no fim, perceber que as semelhanças dos sentimentos em relação a esse tema são bem maiores do que a distância geográfica que nos separa.

Um dos questionamentos que trouxe nas duas edições: quem representa um modelo inspirador de mulher equilibrista, aquela que combina bem família e trabalho? Novamente submeti às entrevistadas uma lista com 25 nomes, alguns que estavam na lista original, outros novos. E olha que curioso: Fátima Bernardes, que foi a mais votada em 2007 (com quase terço das indicações) e escreveu o prefácio do livro que lancei naquele ano sobre a Vida de Equilibrista, ficou entre as mais votadas uma dúzia de anos depois. Com filhos pequenos, a jornalista e âncora de telejornal à época foi apontada como a mãe e profissional mais admirada, muito acima de todas as demais listadas.

Na minha visão, essa admiração que tínhamos por ela era explicada apenas parcialmente por sua alta exposição à frente da TV Globo, naquele momento ancorando o Jornal Nacional. Fátima conseguia, com aparente calma, desempenhar bem todos os papéis idealizados pela mulher contemporânea: ser boa mãe, profissional competente, esposa feliz e mulher atraente.

Ela é o retrato do "eu ideal" de muitas mulheres, aquela que faz tudo e ainda bem feito. E é mãe de trigêmeos, que na primeira pesquisa nem adolescentes eram! Também sou uma admiradora da Fátima. É claro que, "na vida real", a rotina dela não era tão suave como imaginávamos. Em entrevistas, ela já confessou a dificuldade que sentia para conseguir conciliar bem todos os papéis.

Mesmo com filhos bem crescidos, Fátima segue despertando nossa admiração como uma equilibrista. Embora não mais lidere o *ranking*, foi o terceiro nome mais votado!

Quem ocupou o topo da lista em 2019 foi Ivete Sangalo, que foi mãe em fevereiro de 2018 e no final de abril já estava subindo em cima de um trio elétrico para fazer um *show* em Salvador. Ou seja, mais equilibrista impossível! Eliana, que não era mãe em 2007, surge como a segunda mais votada doze anos depois.

As *Top Five*	
Ivete Sangalo	21%
Eliana	8%
Fátima Bernardes	7%
Gisele Bündchen	7%
Angélica	7%

Chama a atenção também a presença de Angélica, mãe de três filhos com Luciano Huck. Ela estava entre as sete primeiras e, na pesquisa mais recente, subiu para o terceiro lugar, empatada com Fátima e Gisele Bündchen. Aliás, Gisele estreou no *ranking* e apareceu muito bem colocada. Lado a lado com fotos lindas da brasileira como modelo, circulam cenas de sua vida pessoal, com os filhos, em casa, na praia, na plateia de jogos, acompanhando o marido atleta. Sem dúvida, com sua carreira de modelo de muito sucesso, além de longeva, seu lado mãe ganha holofotes extras.

Muitos anos depois de ter cunhado os termos *equilibrista* e *vida de equilibrista*, percebo que seguimos gerenciando muitos pratinhos em nossas vidas, equilibrando os altos e baixos de ser uma mãe que abraça também uma vida profissional ativa. O que mudou talvez seja o ritmo do giro dos pratinhos. Ora mais acelerado pelo mundo digital, ora mais suave pela maior consciência hoje de que a perfeição não existe.

Esse é um aprendizado que veio com a maturidade da minha própria maternidade. É saber que nem sempre vale a pena se matar para tirar nota 10 em tudo ou girar todos os pratos ao mesmo tempo. Alguns pratinhos cairão pelo caminho, e tudo bem!

A sabedoria é saber quais manter girando e quais deixar cair. Preferencialmente os de borracha, e não os de cristal.

***

Salvem as mães equilibristas!

Pressionadas pela rotina de trabalho, muitas mães abrem mão da carreira

Quantas e quantas vezes não somos impactados por mensagens que pregam a proteção de algumas espécies ou de alguma população que corre o risco de extinção? Salvem as baleias! Preservem a Mata Atlântica! Protejam o mico-leão dourado! Preservem as tribos indígenas! Todos esses movimentos são muito importantes, claro. Afinal, queremos que nossos futuros sejam uma continuidade do presente, que nossos filhos e netos possam viver num mundo de riquezas naturais, diversidade social e abundância cultural. Há um sentido duplo nesse clamor por preservação.

Por um lado, há uma busca mais altruísta, de querer ver o "outro" bem: brigamos pela sobrevivência do planeta, pela melhoria de vida dos mais vulneráveis, pela conquista de direitos de povos que vivem em condições precárias. Por outro lado, temos nesse clamor por proteção um olhar menos romântico e mais egoísta. Nossa própria sobrevivência depende de termos um planeta saudável e próspero para nos receber (ou receber nossos filhos e netos) no futuro.

Mas o que tudo isso tem a ver com as mães? O que mães têm em comum com micos-leões-dourados? Quando pensamos nas mães que conciliam vida familiar com uma vida profissional, tudo a ver! Como assim? Calma, vou explicar. Não é raro vermos mães abandonarem suas carreiras, num movimento internacionalmente conhecido como *opt out*. Pressionadas por uma rotina de trabalho que exige longos turnos, viagens, trabalhos no final de semana e grandes sacrifícios da vida pessoal, muitas mães abrem mão da carreira e pulam fora. Isso é o *opt out*.

Uma saída mais forçada do que planejada. Elas são praticamente "ejetadas" do mercado de trabalho, porque se veem incapacitadas para gerenciar suas vidas de equilibristas. Seja porque sentem que suas famílias estão descobertas por sua dedicação ao trabalho fora de casa, seja porque sentem que não são tão boas profissionais porque suas cabeças estão divididas entre casa e trabalho. De um jeito ou de outro, muitas mulheres abandonam o mercado de trabalho ao se tornarem mães.

É aí que a coisa começa a se aproximar: as mães equilibristas, assim como micos, baleias e florestas, precisam ser preservadas. Já temos o movimento que salva as baleias, o que preserva as florestas e o que olha pela sobrevivência das tribos indígenas brasileiras. Mas quem é que está olhando, cuidando e se preocupando com as mães que trabalham fora e estão largando suas carreiras? Quem está salvando as mães equilibristas? Quem está apoiando e evitando a extinção das mães nos cargos de liderança dentro das empresas?

É hora de as empresas criarem políticas estruturadas para incentivar mães a seguirem no mercado de trabalho. Considerar mais o *home office*, flexibilizar e adaptar horários. Se isso não for feito, vamos continuar a ver esse êxodo de mulheres deixando seus projetos profissionais de lado e voltando ao lar. Perdem as mulheres, perdem as empresas e perde a sociedade. Acho até que as famílias perdem, mesmo com uma mãe mais presente em casa.

Esse movimento de volta ao lar, ainda que possa também ser um projeto positivo, nem sempre reflete o que as mulheres buscam hoje. Voltar para casa não deve ser fruto de uma pressão. Deveria ser, de verdade, uma opção daquelas mulheres que espontaneamente decidem dar um tempo na carreira. Mas hoje grande parte das mulheres faz esse movimento pela pressão que sofre, pela incapacidade de conciliação, pelo sentimento de culpa em relação à família.

Precisamos pressionar as empresas e os governos a criarem políticas que estimulem esse gerenciamento mais satisfatório da vida de equilibrista. Mais creches ou berçários públicos ou financiados pelas empresas. Mais políticas empresariais. Mais maridos e companheiros que dividam de verdade as tarefas da casa. Precisamos urgentemente lançar a campanha: salvem as mães que trabalham fora! Salvem as mães equilibristas!

***

Recrutam-se mães

Algumas empresas já criaram soluções para acabar com o dilema "ficar ou largar o emprego?". Mas a relação com as equilibristas está longe de ser harmônica

De um lado, muitas mães querem trabalhar fora de casa: afinal, estudaram e criaram carreiras que geram prazer e retorno financeiro. Do outro lado, as empresas querem atrair mais mulheres talentosas para seus postos de liderança. Apesar desse aparente desejo comum, as coisas não caminham exatamente dessa forma, como bem sabemos. A relação das empresas com as mães está longe de ser harmônica. Muitas mulheres acham que as exigências para manter uma carreira bem-sucedida são incompatíveis com a maternidade. Assim, abrem mão do emprego, retornam para casa e passam a se dedicar em tempo integral aos filhos. Já as empresas se queixam que é difícil "segurar" as mulheres, consideram que a maternidade cria uma atenção dividida e, por isso, a carreira acaba ficando em segundo plano. Algumas mães não abandonam a carreira, mas tampouco topam desafios que demandariam mais horas de trabalho e a possibilidade de crescer na empresa. O impasse está formado! Hoje não é pequeno o número de mulheres que ficam com esse dilema atormentando suas cabeças: ficar ou largar o emprego?

Discussões sobre como "segurar" as mães dentro das empresas

estão presentes em muitas companhias ao redor do mundo. A Coca Cola, por exemplo, tinha como meta até o ano de 2020 ter homens e mulheres dividindo igualmente os postos de liderança. Para tanto, foram criadas medidas específicas para treinar e reter as mulheres. Também o Citibank, com seu programa "Maternity Matters", que pode ser traduzido como "Maternidade tem valor", criou um apoio às profissionais que são mães, oferecendo a elas um *coaching* em três momentos: antes do nascimento, durante o final da licença e após o retorno ao trabalho. O foco do programa foi criar um ambiente corporativo acolhedor para as mães, preparando-as para as mudanças e discutindo formas de amenizar a "dor" do retorno. No Reino Unido, tal programa conseguiu que 98% das mulheres voltassem ao trabalho após terem o bebê.

Creches também são mecanismos de forte apelo junto às mães, principalmente quando têm qualidade e geram confiança, como é o caso da creche da Natura. É uma forma de a mãe estar perto do filho e ter a cabeça em paz para se concentrar no trabalho. A agência de comunicação Y&R pode ser considerada um oásis no frenético negócio da publicidade, no qual o acelerado ritmo de trabalho muitas vezes é incompatível com mães de filhos pequenos. A empresa passou a "mimar" as mães com uma série de iniciativas. Uma delas foi produção de um vídeo dos filhos de cada uma das profissionais, especialmente feito para a celebração do Dia das Mães, sem que elas soubessem de nada. No dia da entrega dos vídeos, emoção e lágrimas tomaram conta da agência. Pode parecer à primeira vista uma ação oportunista apenas, mas iniciativas como essa conseguem estreitar o laço entre mãe e empresa.

Coca Cola, Citibank, Natura e Y&R são exemplos de empresas que, com diferentes políticas, tentam encurtar as distâncias e aproximar pontos de vista entre a corporação e a mãe. Vejo com bons olhos tais iniciativas, pois permitem um jogo de ganha-ganha. As empresas ganham porque podem contar com o talento feminino. E as mães ganham porque encontram uma forma de compatibilizar a vida de equilibrista, preservando ambos os papéis, o de mãe e o de profissional.

***

Desejos e vontades das equilibristas e o mercado de trabalho

A maternidade influencia a carreira, mas empatia e adaptabilidade ainda restritas das empresas empurram as mulheres para o empreendedorismo

Tenho visto muitas vezes que, se o mundo corporativo não se adapta à situação de ser mãe e ela quer continuar se sentindo ativa na carreira, produtiva e também responsável por prover parte do orçamento familiar, é a equilibrista quem decide fazer suas próprias adequações.

Os caminhos para equilibrar bem o trabalho e os filhos foram investigados por mim nas duas pesquisas que fiz com mães que trabalham, mencionadas na página 22. Novamente, os grandes vencedores foram: montar o próprio negócio (50%) e ter um emprego num local mais flexível/trabalhar em *home office* (35%).

Na visão idealizada dessas mulheres, estas seriam duas formas de equacionar melhor sua rotina e, assim, se livrar de algumas preocupações. Elas se imaginam com mais liberdade e menos rigidez no esquema de trabalho. O terceiro e o quarto item mais apontados na lista foram trabalhar meio período (29%), e ter uma carga horária de trabalho menor (22%).

A tabela a seguir pede um olhar mais cuidadoso pois há movimentos interessantes, e aqui pretendo analisar o que ganhou valor. Montar o

LISTA DE DESEJOS	2017	2019
Trabalhar meio período	35%	29%
Montar um negócio próprio	34%	50%
Ter um marido/companheiro que me ajude mais	32%	19%
Ter uma carga horária de trabalho menor	26%	22%
Conseguir uma babá espetacular	24%	6%
Morar perto do trabalho	17%	17%
Ter um emprego em local mais flexível / trabalhar em *home office*	14%	35%
Ter ajuda dos meus pais/sogros	10%	7%
Parar de trabalhar e cuidar só dos filhos	9%	16%

próprio negócio subiu 16 pontos percentuais entre 2007 e 2019, seguindo a mesma curva de crescimento de ter trabalho mais flexível e/ou trabalhar em *home office*. Isso nos mostra, mais uma vez, que o tema central para as mulheres com atividade profissional é a busca por algo que se adapte melhor às suas rotinas e prioridades. O sonho de ser empresária e empreender muitas vezes está relacionado com essa vontade de controlar melhor a agenda, com equilibrar os pratinhos conforme sua disponibilidade. O *home office* entra nessa mesma direção, pois é uma solução para conciliar, estar perto, ter equilíbrio.

Também é curioso notar que o trabalho em meio período já não surge na mesma intensidade. Seja porque são poucas as atividades que permitem isso, seja porque há melhores soluções, com flexibilidade (como o próprio *home office*).

Existem várias situações em que a maternidade influencia a carreira, mas em especial ela parece ser um forte gatilho para o empreendedorismo.

De acordo com a pesquisa "Empreendedoras e seus negócios", realizada pela Rede Mulher Empreendedora no final de 2017, dentre as empreendedoras que são mães, 75% decidiram empreender após darem à luz. Esse movimento ocorre por dois motivos: 55% das mulheres buscam mais qualidade de vida e flexibilidade de horário para conciliar filhos e trabalho e 48% são demitidas após a licença-maternidade, tornando o empreendedorismo, de certa forma, uma necessidade.

Por outro lado, vale também notar, na pesquisa que fiz com as equilibristas, que hoje há mais mulheres (16%) concordando com a ideia de parar de trabalhar para se dedicar aos filhos. A temática cresceu nesse sentido, nos doze anos de intervalo entre as pesquisas.

Mesmo sendo um percentual baixo, aponta que algumas mães acham que o *trade-off* pode não valer a pena. De toda forma, ainda temos 84% delas que não se veem fora do mercado, ou seja, abdicar totalmente do trabalho remunerado não lhes parece a melhor solução.

Esta ideia é reforçada pela frase que teve o menor grau de concordância em 2019: "Sinto uma pontinha de inveja das minhas amigas que não trabalham". Só 17% concordam com a afirmação. Ou seja, mesmo sobrecarregadas, as mães que trabalham gostam do que fazem e veem valor nisso. Não trocariam suas vidas pelas das mães que não trabalham. O trabalho também é uma marca de afirmação e melhora a autoestima feminina.

De acordo com um levantamento feito pelo Instituto Avon em parceria com a Oxford Economics[14], 77% das mulheres afirmam que trabalhar aumenta sua confiança. O trabalho aumentou a capacidade de ser um modelo para seus filhos para 74% delas, e 65% dizem que melhorou a forma como são tratadas pelos outros.

No Brasil, os lares chefiados por mulheres saltaram de 23% para 40% entre 1995 e 2015, segundo a pesquisa Retrato das Desigualdades de Gênero e Raça, do IPEA. Isso prova nosso valor: de cuidar da educação dos filhos e das tarefas do lar, em poucas décadas passamos também a acumular o gerenciamento e a divisão de contas da casa e a mostrar

---

14. Dados publicados na revista *Época Negócios*, em março de 2019. Matéria disponível em: https://epocanegocios.globo.com/Empreendedorismo/noticia/2019/03/pesquisa-mostra-que-mulheres-nao-se-sentem-preparadas-para-empreender.html.

nossa capacidade no mundo empresarial, onde já nos tornamos indispensáveis.

Em 2019, a taxa de participação feminina na força de trabalho era de 54,5%, conforme o IBGE. Mas vejam só que interessante: enquanto o nível de ocupação das mulheres sem filhos de até 3 anos de idade era de 67,2%, esse número caía para 54,6% entre as mulheres com filhos nessa faixa etária.

Para mim, esse é um retrato gritante de que as empresas ainda não estão preparadas para acolher quem tem crianças pequenas em casa. Elas precisam se esforçar mais para oferecer benefícios para que suas funcionárias não as abandonem na chegada do primeiro bebê.

***

Mulheres modernas, dilemas modernos

O ganha-ganha é a regra do jogo, para ele, para ela e especialmente para os filhos

Já há algum tempo, escrevi um texto em que abordei a questão de casais que optam por adotar papéis fora do usual. Na ocasião, discuti casos de famílias cujo arranjo prevê mulher trabalhando fora e marido ficando em casa com os filhos.

Sinto que cada vez mais esse tema tem vindo à tona: as famílias se tornam mais e mais sistemas "orgânicos", que assumem múltiplos formatos. Metaforicamente, as famílias e os papéis deixam de ficar contidos num quadrado e ganham o espaço e as possibilidades de uma figura abstrata.

Pois é, há poucos anos toda essa discussão ganhou um espaço próprio em forma de livro. Joyce Moyses, trazendo o olhar feminino sobre o tema, e Claudio Henrique dos Santos, com a perspectiva masculina, se juntaram para narrar suas histórias, dúvidas e soluções e em 2016 lançaram o livro *Mulheres Modernas, Dilemas Modernos e como os homens podem participar (de verdade)*", pela Primavera Editorial.

Que alegria e privilégio ser convidada para escrever o prefácio desse livro. Nada mais urgente e contemporâneo do que refletir sobre como homens e mulheres estão administrando suas vidas de equilibristas, ainda mais estimulados por dois *experts* no tema, Joyce e Claudio.

A troca de ideias entre Joyce e Claudio ganha mais sentido ainda no momento atual, em que as mulheres acumulam conquistas e têm a confiança de que podem ser bem-sucedidas na vida profissional. Entretanto, ainda sentem culpa (menos do que no passado, mas ela ainda insiste em incomodar) por acharem que não dão conta de tudo, especialmente do que diz respeito ao tradicional papel feminino.

Boa parte das mães equilibristas enfrenta o dilema da conciliação de papéis, mas esse livro acena com experiências de vida que mostram que isso pode melhorar. Uma das mensagens principais: para essa mulher tocar a vida profissional em paz, e crescer, é fundamental o apoio de quem a rodeia. Melhor ainda se esse apoio vier de dentro de casa. O ganha-ganha é a regra do jogo, para ele, para ela e especialmente para os filhos.

Não é fácil ser mulher, concordo com Claudio. Também não é fácil ser homem nos dias atuais. Se não está fácil para ambos os lados, imagine como isso se amplifica nos casais! Parece que há um desencontro amoroso geral e irrestrito, alimentado pela correria da vida contemporânea. Descompasso virou a marca dos relacionamentos, e o conflito tem sido inevitável em vários casos. Estamos mais batendo cabeças do que dando as mãos.

Joyce e Claudio nos proporcionam uma viagem ao novo mundo das dinâmicas que envolvem vida pessoal e profissional. Jornada sem referências no passado, sem formatos pré-estabelecidos, e que exige de todos nós boa dose de autoconhecimento, um *mix* de flexibilidade com criatividade e maior tolerância ao risco. Tudo isso com um pouco mais de leveza, como é o tom desse livro, por favor!

Bom, paro essa história por aqui e deixo vocês com água na boca para ler o livro. Mesmo com a correria da vida de equilibrista, sugiro uma pausa para essa rica reflexão. Boa leitura!

***

Opt-out? Mãe ou pai?

A escolha por sair ou não do trabalho para cuidar dos filhos não precisa ser só da mãe. A bola pode ser passada para o pai, por que não?

Primeiro de tudo peço licença para explicar por que estou usando no título um termo em inglês. Poderia ter tentado algo como largar a carreira ou sair do mercado. Porém, o poder de síntese da língua inglesa e a capacidade dos norte-americanos de criar termos são imbatíveis e por isso segui com *opt-out* mesmo. Pelas tentativas de tradução que sugiro, acho que já deu uma ideia para entender a que o termo se refere. Mas vale voltar um pouco e revisitar como esse termo surgiu nos Estados Unidos e como tem sido usado abundantemente por lá.

Quem criou esse termo foi Lisa Belkin, em um artigo cujo título, já traduzido para o português, era: "A revolução do Opt-Out". O que ela argumentava em 2003, quando o texto saiu no jornal *New York Times*[15], era que muitas mulheres qualificadas estavam abrindo mão de suas carreiras e voltando a se dedicar exclusivamente à casa e/ou à família.

---
15. O artigo "The Opt-Out Revolution" pode ser acessado em: https://www.nytimes.com/2003/10/26/magazine/the-opt-out-revolution.html.

O que poderia ser considerado um retrocesso, em termos feministas, foi visto por Belkin como uma opção forçada que muitas mulheres estavam tomando. Na verdade, elas não estavam optando coisa nenhuma, estavam sendo expulsas do mercado por uma série de fatores que tornavam incompatível o gerenciamento da carreira simultaneamente com a família.

Também nos Estados Unidos, em 2007, a socióloga Pamela Stone ampliou a discussão com uma pesquisa que se transformou num livro cujo título é *Opting Out: Why Women Really Quit Careers and Head Back Home* (numa tradução livre, algo como "Por que as mulheres estão abandonando suas carreiras e voltando para casa"). Assim como Belkin, Stone estava preocupada com o que estava acontecendo por trás desse movimento, ou revolução, como conceituou Belkin.

Não quero trazer aqui todas as conclusões a que chegaram, mas o que permeia tudo é a ideia de que as mulheres não encontram o amparo necessário, nem nas empresas e tampouco em suas casas, para seguir com suas vidas de equilibristas, no padrão de qualidade que almejam. A opção é então, em bom português, cair fora.

Aliás, apenas como curiosidade, nos Estados Unidos, considerando a população de mulheres entre 25 e 54 anos, 74% eram ativas economicamente. Na mesma faixa etária, em 2013, esse número caiu para 69%. Infelizmente não tenho os números brasileiros, mas fico curiosa para saber se estamos mais para as americanas, isto é, no movimento *opt-out*, ou se mais para as mulheres de outros países desenvolvidos, onde a presença delas no mercado de trabalho apenas cresceu nos últimos anos.

Uma discussão das mais relevantes hoje em dia em relação ao *opt-out* é pensarmos a partir de dois ângulos. O primeiro tem sido explorado por várias pesquisas, inclusive a feita por Stone, que procura entender as origens do fenômeno.

É preciso ir além e propor alternativas para estancar esse "vazamento" de mulheres do mercado de trabalho. Muitas das que optam por sair teriam qualificação para assumir postos de liderança, o que diminuiria a disparidade de gênero que existe nas posições mais altas nas empresas.

O segundo ângulo, menos explorado, é o seguinte: diante da iminência do *opt-out*, caso seja mesmo o caminho inevitável, ainda que de forma provisória, por que pensar nele principalmente como um fenômeno feminino? Sim, claro, na fase da amamentação não há como o pai estar no lugar da mãe, se o bebê estiver apenas com o leite materno, mas e em outras fases da vida? *Opt-out* é só para mães? Quem disse isso ou o que determina pensarmos nisso?

Não vou me estender aqui em relação às questões psicológicas e sociológicas – e, por que não, também econômicas – que nos levam a pensar em *opt-out* como uma opção mais das mães do que dos pais.

Mas queria usar esta oportunidade para, antes da tomada de decisão, refletirmos sobre quem é o mais indicado para *opt-out*: o pai ou a mãe? Ou seja, antes de assumir que é a mãe, quase que num modo automático, vale considerar os pontos abaixo:

1. Em que momento cada um está na carreira? Quem será "menos" prejudicado com um afastamento, mesmo que temporário?
2. Nas finanças da família, o que representa a saída de cada um? Qual o impacto no orçamento se a renda do pai sair ou a da mãe sair?
3. Quem está mais ou menos satisfeito com o trabalho? E, na mesma medida, quem mais está sofrendo com a distância ou menos tempo com os filhos?
4. Que prazer dará para cada um a decisão tomada? Qual o impacto para a mãe ou o pai de abrirem mão da carreira? E qual o impacto, para mãe ou pai, de ficar em casa com os filhos? Aqui falo mesmo de uma análise do efeito emocional para cada um.

5. Que tal ouvir os filhos, se eles já puderem também opinar? O que eles acham disso tudo?

Essas cinco questões não esgotam de jeito nenhum outras tantas perguntas que podemos fazer para tomar a decisão. E claro, sempre há a possibilidade de se pensar em caminhos alternativos, como *home-office*, carreiras mais "virtuais" e coisas do tipo. Apenas queria mostrar que há outras possibilidades e elas podem também ser muito boas.

Algum tempo atrás, me encontrei com uma amiga e soube que seu marido havia parado de trabalhar para cuidar do filho. A mãe/esposa havia assumido um cargo num outro país e o casal, pelo menos temporariamente, achou que essa seria a melhor decisão. Neste caso, o *opt-out* foi do pai e todos estão muito felizes com o desfecho: pai, mãe e filho.

Não falo de *opt-out* para nos liberar de pensar em soluções que evitem que pai ou mãe abdiquem de suas carreiras. Apenas queria que essa opção não fosse apenas jogada para as mães!

***

Uma nova ordem dentro de casa

Atividades domésticas essenciais e o cuidado com a prole não têm gênero. Dependem, sim, de mais conversa, menos tempo ao celular e da vontade de achar um equilíbrio possível

Ao longo dos últimos anos, acredito que foram se multiplicando os modelos de acordos e arranjos possíveis entre os casais na hora de equilibrar vida profissional e filhos.

Ao mesmo tempo, a vida contemporânea se tornou mais corrida e desgastante, causando um descompasso que parece ter virado a marca de muitos relacionamentos.

Como mencionado na página 154, tive a alegria de escrever o prefácio para o livro de Joyce Moysés e de Claudio Henrique dos Santos, *Mulheres Modernas, Dilemas Modernos e como os homens podem participar (de verdade)*, lançado em 2016. Os autores propõem uma verdadeira viagem ao novo mundo das dinâmicas que envolvem vida pessoal e profissional.

Ressaltei no texto que essa jornada exige uma boa dose de autoconhecimento, um *mix* de flexibilidade com criatividade e maior tolerância ao risco. Também observei que lavar louças, prover a família, passar aspirador, arrumar a cama, cozinhar, levar filhos ao médico... Nenhuma dessas atividades mais têm gênero.

Pelas mudanças que venho observando, tenho confiança de que isso ficará cada vez mais claro para as próximas gerações. Cabe entender, nesse combinado a dois, quais as potencialidades de cada um e customizar a solução conforme o momento.

Quando um lado trabalha mais fora de casa, o outro assume (não apenas ajuda!) mais responsabilidades domésticas e familiares. E tudo bem se isso for alternado entre as duas partes do casal, seja ele hetero ou homossexual.

Na pesquisa com as equilibristas em 2019, já mencionada anteriormente nas páginas 22 e 150, dobrou a participação dos pais no cuidado com os filhos. O pai ou o companheiro se responsabiliza e fica com a criança em 26% dos casos enquanto a mãe trabalha. Essa porcentagem dobrou em relação a 2007 (era 13%).

Há dois influenciadores dessas mudanças: a alteração das leis trabalhistas, que tornou a mão de obra de nossas assistentes do lar (empregadas domésticas e babás) mais cara, e a crise, que ceifou o emprego de parte dos homens, impactando na divisão de tarefas.

Por outro lado, na lista de desejos das mulheres, também investigada em ambas as pesquisas, caiu o desejo por um marido que ajude mais – de 32% para 19%.

Imagino duas hipóteses para essa queda. Olhando pelo lado do copo meio cheio: eles estão dividindo mais tarefas hoje, ou seja, o que era desejo passou a ser realidade para algumas. Ou mirando a metade vazia do copo: elas desistiram de pedir!

Além de ainda não termos tornado realidade a divisão equitativa de tarefas entre os gêneros, chamam minha atenção também as horas que todos nós, homens, mulheres e, principalmente, os filhos adolescentes, temos perdido com as mais variadas opções de comunicação e entretenimento com uso da tecnologia. Embora ela nos ajude em vários momentos, também é um dos vilões que roubam nosso precioso tempo em família.

Psicólogos já identificaram que os padrões dos relacionamentos foram profundamente alterados pela expansão da tecnologia móvel. Uma pesquisa da ONG Common Sense Media em 2019, com pais e seus filhos adolescentes, revelou que 52% dos pais reconhecem que usam excessivamente o celular. Além disso, 45% deles se dizem viciados no uso do *smartphone* e um quarto dos pais (e mães!) reclamam do uso do celular com os filhos todos os dias.

Na Alemanha, em 2018, crianças e adolescentes fizeram passeatas nas ruas, com cartazes pedindo aos pais para desligarem os celulares, pois estavam dando menos atenção aos filhos do que deveriam. Um dos pedidos era: 'brinque com suas crianças, não com seus *Smartphones*'.

Todas essas questões se somam, se sobrepõem e, em última instância, nos falam sobre saber priorizar e dar aos outros membros da família a atenção que merecem.

Lembro-me de uma campanha de uma marca asiática há alguns anos, um vídeo muito sensível que circulou pelas redes sociais. Ela mostrava momentos importantes da vida que as pessoas estavam perdendo ao ficarem vidradas na tela do celular. Quem estava ao lado simplesmente não era visível até que o pai, mãe, namorado ou amigo desviasse sua atenção do aparelho; só então conseguia vê-las. Dali dava para imaginar como esses relacionamentos falhos iriam trazer traumas ou até separações. Hoje, somos ainda mais atraídos pelas milhares de distrações pelo celular.

Do ponto de vista equilibrista, vejo que é preciso tomar mais cuidados para, nesse mundo contemporâneo, não correr o risco de tornar invisível o que (ou quem) nos é essencial. Até porque há certos momentos que não voltam mais.

***

O preço da maternidade e o bônus da paternidade

As diferenças entre o mercado de trabalho para homens e mulheres após o nascimento dos filhos

> *Uma das piores decisões na carreira que uma mulher pode fazer é ter filhos. Ao contrário, para os homens, ter filhos é um ganho para a vida profissional.*

Foi com essas palavras que o célebre jornal norte-americano The New York Times abriu uma matéria sobre o impacto da maternidade/paternidade na carreira de homens e mulheres. Tal texto me pareceu chocante, para dizer o mínimo. Por trás da afirmação, no entanto, está um estudo que durou mais de duas décadas, conduzido por uma socióloga da Universidade de Massachusetts, Michelle Budig.

E o que a pesquisa revela?

- Ao ter filhos, a mulher diminui suas chances de conseguir um emprego, é percebida como menos competente e caem suas chances de ter salário equivalente a um homem que tenha as mesmas qualificações e tempo de "casa";
- Para o lado dos pais, as coisas melhoram com a paternidade: suas chances de serem contratados crescem em relação a um homem sem filhos e ainda conseguem salários mais robustos após se tornarem pais.

É isso mesmo que leram acima! O preço da maternidade para a carreira da mãe é altíssimo, enquanto para os pais ele vem em forma de bônus! O que a pesquisa mostra é que não há nenhum fato concreto relacionado a dedicação ou número de horas que faça com que essa diferença entre pais e mães exista. Ambos, nas mesmas funções, atuam de maneira semelhante. Se é assim, de onde vem tal *gap*?

Pois é, a resposta está na forma como o empregador, no caso a empresa, os vê. Apesar de todas as "provas" já dadas pelas mulheres, as empresas ainda não acreditam de forma plena na capacidade das mulheres de equilibrar, ao mesmo tempo, a carreira e a maternidade! Dessa forma, as empresas enxergam os homens que são pais como pessoas mais estáveis e comprometidas com o trabalho. Afinal, eles, como provedores, carregam a responsabilidade do sustento da família e, portanto, terão menos chances de "fazer corpo mole". Do lado das mulheres que são mães, o raciocínio é o oposto: a crença é de que elas trabalham menos e são mais suscetíveis a interrupções e distrações ao longo da jornada de trabalho. Como consequência dessa visão, após a maternidade a renda das mulheres cai em média 4%. E a dos homens sobe 6%! E vejam outro dado curioso, para não falar assustador: comparativamente aos homens, nos Estados Unidos, as mulheres sem filhos têm rendimentos de U$ 0,96 para cada U$ 1 dólar recebido pelos homens. Quando os filhos chegam, a diferença aumenta e elas passam a receber U$ 0,76 para cada dólar dos homens. Esses números mostram o que talvez muitos que estão lendo esse texto estejam pensando: ter filhos é um mau negócio para as mulheres e uma aposta certeira para os homens!

Vejo essa notícia com certa tristeza. Quando vamos parar de ter tantos preconceitos e olhar com uma lente antiga o papel do homem e da mulher? Até quando as mulheres precisarão provar que é possível ser competente no trabalho e ao mesmo tempo ser mãe? Hoje em dia, as mães são tão provedoras e tão competentes quanto os pais, e isso não é novidade; mas, para muitas empresas é.

Como dizia a já citada propaganda antiga da Fiat, "está na hora de você renovar seus conceitos". Aliás, acho que já passamos da hora.

***

Licença-maternidade cobra um preço?

Ainda há questões para resolver: como satisfazer bebê, mãe e empresa e deixar de discriminar as profissionais grávidas

Estive algum tempo atrás num evento voltado para mulheres executivas, que foi composto de um rico painel com quatro inspiradoras profissionais. Ao final, uma pessoa da plateia contou um caso pessoal que ocorreu com ela nos Estados Unidos, onde não existe licença-maternidade. A história era que ela não conseguia ser admitida para vaga nenhuma quando estava grávida. Repito: isso lá na terra do Tio Sam, onde não há licença-maternidade. Se isso acontece lá, e aqui do lado de baixo do Equador?

Tendo a achar que deve ser bem pior, mesmo que poucas empresas admitam isso. Aliás, deve ser até contra a lei você excluir candidatas por conta de gravidez. Mas fico imaginando a situação de um profissional de RH, diante de duas candidatas de mesmo talento, uma grávida e outra não. Até para essa pessoa provar internamente que a contratação da grávida valerá a pena, apesar da ausência iminente, ela já se decidiu pela outra candidata. "Vender" internamente a contratação de uma grávida deve ser duríssimo, beirando quase o impossível.

Fico imaginando agora uma outra cena. Também uma entrevista de emprego e dois homens sendo entrevistados. Ambos igualmente capazes e talentosos. Um diz que está esperando seu primeiro filho, o outro ainda não tem planos de ser pai. Quem será o escolhido? Não faço a menor ideia! Isso porque outras variáveis pesarão nessa escolha. Mas tenho certeza de que a paternidade que se avizinha em nada diminuirá as chances de contratação do futuro papai.

Injusto, não? Analisando pelo lado das mulheres, é tremendamente desigual o tratamento que se dá para ambos. Mas aqui também acho que devemos retomar um tema que ainda não está 100% resolvido na minha cabeça: a licença-maternidade. É evidente o benefício que ela traz para a mãe e para o bebê. Os momentos maravilhosos dos primeiros dias e meses não voltam nunca mais e merecem ser vividos intensamente. Mas, como tudo tem um preço, acho que nós, mães, pagamos com nossas carreiras o custo da licença-maternidade. O ditado "não tem almoço de graça" é muito verdadeiro. Aliás, talvez o preço também cresça caso se defina a extensão da licença de 4 para 6 meses. De toda forma, acredito que precisamos caminhar rapidamente para ampliar os direitos das mães sem que isso traga uma punição futura.

Enfim, em relação a esse assunto, estamos longe de chegar a um ponto ideal, se é que ele existe. Fico pensando se há algum momento mágico no qual todas as partes envolvidas ficam satisfeitas: bebê, mãe e empresa. Enquanto não descobrimos, sugiro que usemos a matemática que mais faz sentido para cada uma de nós. Já que haverá um custo, pelo menos que escolhamos um que caiba em nosso "orçamento" afetivo e econômico. Um modelo que satisfaça o coração de mãe e o bolso também.

***

Pais, mães e profissionais

A mulher precisa criar personagens diferentes para atender as expectativas do papel de mãe e de profissional

Muito me intriga ver que ainda discutimos (e tenho certeza de que estamos longe de chegar a um final feliz) como pais e mães lidam com suas carreiras e de que forma esses papéis se entrelaçam na vida cotidiana.

Para jogar mais lenha nessa fogueira, compartilho aqui um estudo bastante interessante feito por pesquisadores da Universidade do Colorado em Boulder, nos Estados Unidos[16], para identificar até que ponto os estereótipos associados aos pais, às mães e à figura de um/uma profissional estavam ou não interligados. A pesquisa selecionou 145 traços de personalidade, todos eles relacionados de alguma forma a estereótipos de gênero ou a estereótipos de pai e mãe.

O questionário apresentava tais atributos e pedia a quem estava respondendo para apontar quanto cada um dos traços descrevia (ou não) um pai, uma mãe ou um/uma profissional típicos.

Os resultados do estudo foram resumidos pelos autores no gráfico que reproduzo no início da próxima página e que explico logo a seguir. O que descobriram? São duas ideias principais:

1. Os traços associados exclusivamente à figura do pai são poucos.

---

16. Artigo "Oppositional identities: Dissimilarities in how women and men experience parent versus professional roles", de Allegra J. Hodges e Bernadette Park, publicado em 2013 no *Journal of Personality and Social Psychology*, disponível em https://doi.org/10.1037/a0032681.

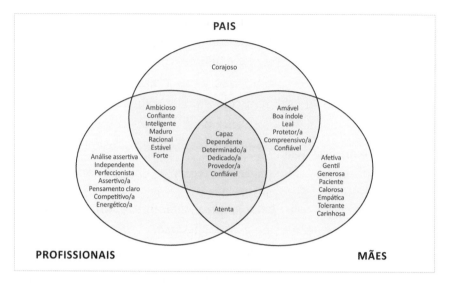

Para ser mais precisa, apenas um: corajoso. No entanto, há uma série de traços que são compartilhados entre o estereótipo dos pais e o estereótipo dos profissionais. Isso indica que homens personificam ao mesmo tempo os traços mais característicos de pais e aqueles mais característicos de um profissional.

2. A mulher, ao contrário, precisa criar "personagens" diferentes para atender as expectativas sociais relacionadas a seu papel de mãe e de profissional. Isso porque apenas o traço "atenta" é associado tanto à mãe quanto à profissional.

E o que isso traz de implicações para cada lado? Os pais, pela coincidência de expectativas, navegam com mais facilidade entre esses dois mundos, casa e trabalho.

No caso das mulheres, elas experimentam mais conflito em gerenciar esses dois papéis que, numa visão estereotipada, representam diferentes territórios com poucas zonas de interseção. Não à toa, as mães ainda patinam para conseguir se provar tão competentes quanto os pais dentro das empresas.

Aliás, lembro-me de uma historinha (de mau gosto) que ouvi certa vez. Começa com uma cena de uma reunião, com muitas pessoas à mesa. Entra uma secretária e entrega um bilhete a um homem. Ele lê, faz cara de preocupação e pede licença aos demais dizendo que precisa sair, pois recebeu uma ligação da escola e o filho caiu e precisa ser levado ao hospital. O homem sai e os que ficam na sala comentam: "nossa, além de um excelente profissional, é um superpai presente".

Agora, outra cena, também de reunião. Novamente uma secretária entra e dá um bilhete para uma das mulheres presentes. Ela lê o bilhete, faz cara de preocupação e pede licença aos demais, dizendo que precisa sair, pois recebeu uma ligação da escola e o filho caiu e precisa ser levado ao hospital. A mulher sai e os que ficam na sala comentam: "nossa, tá vendo como não dá para contratar mulher!"

Por mais indignação que possa causar este final, ele explicita como a sociedade ainda setoriza o que atribui a um pai, a uma mãe e a um profissional.

***

Algumas coisas não dá para a gente mudar... outras dá!

Podemos mudar o dia a dia, os relacionamentos, as atividades que fazemos... O segredo está em focar nisso para ser mais feliz

Duas palavras mágicas: equilibrismo e felicidade. Talvez essas sejam duas das palavras mais estudadas nos últimos anos.

De um lado, todos os dias vemos matérias e estudos que falam de como a mulher pode conciliar a carreira e maternidade. Do outro lado, regras e receitas para se atingir a felicidade.

Até uma área da Psicologia foi criada para esse fim: a Psicologia Positiva, teoria desenvolvida pelo norte-americano Martin Seligman no final dos anos 1990, dedica-se a estudar o que faz as pessoas atingirem o bem-estar emocional, ou seja, o que leva as pessoas à felicidade. Juntando as duas coisas, parece quase um sonho inatingível: dar conta de todos os pratinhos e ser feliz, tudo junto e misturado. Será que dá?

Foi essa dúvida e inquietação que motivou as autoras americanas Cathy Greenberg e Barret Avigdor a escrever o livro *What Happy Working Mothers Know*, algo que eu traduziria como "O que as mães felizes que trabalham fora sabem". A boa notícia que elas nos trazem já vem logo no início do livro: **sim, é possível ser mãe, ter uma carreira e ser feliz.**

Ufa, há luz no fim do túnel. Mas a dúvida que vem logo em seguida é a de como fazer isso. Como é possível tal dupla de palavras, equilibrismo e felicidade, coexistir? As autoras defendem que felicidade é um estado de bem-estar individual e que cada um de nós define felicidade de uma forma.

Mas, apesar das diferenças, elas apregoam que a felicidade pede que nos concentremos nas coisas e pessoas que trazem um sentido positivo às nossas vidas. Assim, ser feliz é abraçar o que é bom e não brigar com o que nos incomoda. É a escolha de olhar além do imperfeito e aprender a ser feliz. Fácil? Talvez nem tanto, mas as autoras defendem a ideia de que precisamos treinar nossas mentes para isso e sair do piloto automático que nos direciona para o que nos aflige, para as culpas, para as nossas fraquezas.

Esse raciocínio de focar no que consideramos mais valioso também está por trás da equação criada pelo psicólogo Jonathan Haidt, da Universidade de Virginia (EUA) e autor do livro *The Happiness Hypothesis* (em português, seria A Hipótese da Felicidade).

A fórmula da felicidade (FF) combina aspectos genéticos, que são sua predisposição natural para ser feliz, algo que você não controla (G), as condições atuais da vida, como situação financeira, relacionamento com família, por exemplo (V), e as atividades "livres", que são aquelas que você elege fazer para usar seu tempo disponível (A).

Assim, combinando esses 3 elementos (G, V, A), Haidt construiu a seguinte fórmula da felicidade (FF):

$$FF = G + V + A$$

O que essa fórmula indica é que, se você não está feliz como gostaria, é preciso se concentrar nas letras "V" e "A", ou seja, nas atividades em que você tem o poder de gerenciamento.

Voltando às autoras norte-americanas, Greenberg e Avigdor, elas propõem um modelo para que as mães que trabalham fora (e eu diria para as que não trabalham fora também) possam gerenciar essa parte da equação que está sob sua "gestão": ou seja, as letras "V" e "A" da fórmula da felicidade.

Para tanto, elas usam um acróstico formado pela palavra HAPPY, que significa felicidade em inglês:

H – *Healthy* – saudável física e mentalmente;

A – *Adaptative* – capaz de se adaptar às circunstâncias;

P – *Proud* – orgulhosa de sua família e capaz de curtir a família do jeito que ela é;

P – *Proud* – orgulhosa do seu trabalho e sem culpa, afinal o trabalho também é parte de quem você é;

Y – *Young at heart* – jovem no coração, capaz de encontrar alegria em todos os cantos.

O formato pouco importa: seja ele uma fórmula, um acróstico ou qualquer outra coisa. O importante é que, se estamos verdadeiramente felizes com nossas vidas de equilibristas, todos saem ganhando: nossas famílias, nosso trabalho (e a empresa para a qual trabalhamos) e, claro, nós mesmas.

Tudo isso me faz lembrar de uma frase muito inspiradora do filósofo inglês Samuel Johnson, dita no século XVII: *"felicidade não é um ponto de chegada, mas uma jornada"*. Em outras palavras, vamos aproveitar de verdade o percurso da nossa viagem equilibrista, fazendo-o o mais inspirador e feliz possível!

AGRADECIMENTOS

Um livro nunca é uma obra solitária, muito pelo contrário. São muitas pessoas a quem devo agradecer, a começar por todas aquelas que me inspiraram com suas histórias equilibristas, servindo de fontes, anônimas ou não, para meus textos.

São amigas e amigos, amigas de amigas, conhecidos, clientes, pacientes. Adoro uma história real e vários dos textos aqui foram criados a partir do que vi, li ou ouvi em algum lugar, em algum momento. Muito obrigada a todos vocês.

Nominalmente, relaciono aqui quem me apoiou, direta ou indiretamente, para pôr o projeto do livro em pé:

- **Maggi Krause**, amiga, editora e equilibrista, sempre ao meu lado, desde o livro 1;
- **Fabio Humberg**, editor e sócio da Editora CL-A, amante dos livros, viabilizador do livro;
- **Equipe da *Pais&Filhos*,** a atual editora Yulia Serra e suas antecessoras, que me acompanham desde 2007 e abrem espaço para minha coluna;
- **Suzanne Robell Gallo** e **Bia Otero**, uma, ex-terapeuta e amiga; a outra, atual terapeuta;
- **Dra. Maria Gabriela Giusa, dra. Fernanda Kihara, dra. Silvia Correia**, anjas da guarda da minha saúde e da família, além de equilibristas admiráveis e generosas;
- **Adriana Ferrari** e **Marina Fuess**, e agora também a **Fernanda Maguini**, minha força, meu equilíbrio e minha energia devo a vocês;
- **Equipe TroianoBranding** e **Claudinéia Martins**, vocês suavizam vários pratinhos de minha vida;

- **Anna Russo**, por ser sempre uma equilibrista admirável e inspiradora, que tenho a bênção de ter como mãe;
- **Adriana Russo Savoldi**, nutricionista, atleta e minha irmã "menor", com quem troco muitas ideias sobre nossos desafios equilibristas;
- **Jaime Troiano**, marido e sócio, nessa ordem sempre, o amor da minha vida e maior incentivador;
- **Beatriz e Gabriel Troiano**, muito orgulho de quem vocês se tornaram, como pessoas e profissionais. Vocês sempre são minha maior inspiração. Contem comigo em suas jornadas equilibristas, estaremos sempre perto, em todo lugar. Amo infinito.

Editor: Fabio Humberg
Editora Associada: Maggi Krause
Capa: FIB (Fábrica de Ideias Brasileiras)
Ilustrações: Ivy Miranda e Ana Lúcia Ribeiro
Diagramação: Alejandro Uribe
Revisão: Humberto Grenes / Cristina Bragato

Dados Internacionais de Catalogação na Publicação (CIP)
(Câmara Brasileira do Livro, SP, Brasil)

Troiano, Cecília Russo
    Vida de equilibrista na contemporaneidade : reflexões e provocações sobre a convivência entre família e trabalho / Cecília Russo Troiano. -- São Paulo : Editora CL-A Cultural, 2023.

    ISBN 978-65-87953-46-5

    1. Maternidade - Aspectos sociais 2. Relacionamento familiar 3. Sociologia 4. Trabalho - Aspectos sociais I. Título.

23-147839   CDD-306.8743

Índices para catálogo sistemático:
1. Maternidade : Relacionamento familiar : Sociologia 306.8743

(Eliane de Freitas Leite - Bibliotecária - CRB 8/8415)

Editora CL-A Cultural Ltda.
Tel.: (11) 3766-9015 | Whatsapp: (11) 96922-1083
editoracla@editoracla.com.br | www.editoracla.com.br
Instagram.com/editoracla | linkedin.com/company/editora-cl-a/

Disponível também em *ebook*